BRUCKMANNS RADFÜHRER

Rhein-Radweg

Karsten-Thilo Raab
Ulrike Katrin Peters

Alle Karten 1:75 000

BRUCKMANN

Impressum

Die Autoren
Karsten-Thilo Raab: Nach dem Anglistik- und Sportstudium sowie der Ausbildung zum Zeitungsredakteur hat Karsten-Thilo Raab seit nunmehr zwei Jahrzehnten als Reisejournalist, -autor und -fotograf für eine Vielzahl von Zeitungen, Magazinen und Verlagen geschrieben. Zudem hat er als Autor bislang rund 50 Bücher verfasst bzw. an diesen mitgewirkt.
Ulrike Katrin Peters hat sich als Autorin, Journalistin und Fotografin besonders auf »aktive« Themen rund um Bewegung an der frischen Luft und auf Nordeuropa sowie die grünen Inseln spezialisiert. Viele Ihrer Reisen hat sie dabei nicht nur in Artikel und Reportagen sondern auch in Bücher verpackt.

Danksagung
Die Autoren bedanken sich für die Unterstützung bei der Erstellung dieses Reiseführers herzlich bei Christel und Alfred Peters samt Begleit- und Versorgungsfahrzeug, Kristine Simonis von Radissimo Radreisen, Susanne Reinhardt von der Tourismus Marketing GmbH Baden-Württemberg (TMBW) sowie Titus Konstantin Raab für seine Reisefreudigkeit.

Unser komplettes Programm:
www.bruckmann.de

Produktmanagement: Carina Jungchen
Lektorat: Helga Peterz, München
Layout: Eva-Maria Klaffenböck, grafikatelier luk, München
Repro: Cromika, Verona
Kartografie: Huber Kartografie, München; Kartografie Heidi Schmalfuß, München
Herstellung: Anna Katavic
Printed in Italy by Printer Trento S.r.l.

Alle Angaben dieses Werkes wurden von den Autoren sorgfältig recherchiert und auf den aktuellen Stand gebracht sowie vom Verlag geprüft. Für die Richtigkeit der Angaben kann jedoch keine Haftung übernommen werden.
Für Hinweise und Anregungen sind wir jederzeit dankbar. Bitte richten Sie diese an:
Bruckmann Verlag, Postfach 400 209, D-80702 München, E-Mail: lektorat@bruckmann.de

Bildnachweis: Alle Fotos im Innenteil und auf dem Umschlag sind von den Autoren.
Umschlagvorderseite: Im Stadtzentrum von Endingen: Ein Tor im Kleinformat
Bild S. 1: Radfahrerin an den Isteiner Schwellen

Die Deutsche Nationalbibliothek verzeichnet diese Publikation in der Deutschen Nationalbibliografie; detaillierte bibliografische Daten sind im Internet über http://dnb.d-nb.de abrufbar.

© 2011 Bruckmann Verlag GmbH, München
ISBN 978-3-7654-5515-5

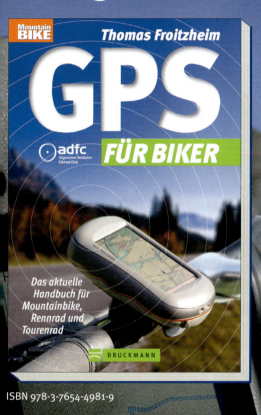

INHALT

UNTERWEGS AUF DEM RHEIN-RADWEG UND DEM RHEINTAL-WEG

Tourenplanung • Unterwegs mit Bahn, Bus und Schiff 8 • Übernachtung 8 • Unterwegs mit Kindern 8 • Fahrrad und Ausrüstung 9 • Gepäckservice 11 • Radfahren auf der französischen Seite 11

Von der Schweiz in den Schwarzwald

1 Von Basel nach Neuenburg am Rhein — 16
Basel – Weil am Rhein – Isteiner Schwellen – Bad Bellingen – Neuenburg am Rhein   34 km   3–4 Std.   ○

2 Von Neuenburg am Rhein nach Breisach — 33
Neuenburg am Rhein – (Grißheim –) (Neuf-Brisach –) Breisach   29 km   3–4 Std.   ○

3 Von Breisach nach Endingen — 42
Breisach – Burkheim – Sasbach – Endingen   24 km   2,5 Std.   ○

Durch das badische Weinland

4 Von Endingen nach Offenburg — 53
Endingen – Riegel – Malterdingen – Hecklingen – Kenzingen – Herbolzheim – Grafenhausen – Wittenweier – Nonnenweier – Allmannsweier – Meißenheim – Ichenheim – Dundenheim – Müllen – Schutterwald – Offenburg   59,5 km   6 Std.   ○

Die Mittlere Brücke am Startpunkt Basel

Inhalt

Kurze Orientierungspause vor dem Rathaus von Muggensturm

5 Von Offenburg nach Bühl — 73
Offenburg – Rammersweier – Appenweier – Erlach – Ulm – Önsbach – Gamshurst – Unzhurst – Zell – Bühl 43,5 km 4,5 Std. ◐

6 Von Bühl nach Durlach — 89
Bühl – Müllhofen – Halberstung – Baden-Baden – Haueneberstein – Schloss Favorite – Kuppenheim – Muggensturm – Malsch – Ettlingenweier – Ettlingen – Wolfartsweier – Durlach 46,5 km 5 Std. ○

7 Von Durlach nach Bruchsal — 116
Durlach – Weingarten – Untergrombach – Bruchsal 22 km 2 Std. ○

8 Von Bruchsal nach Schwetzingen — 125
Bruchsal – Kronau – St. Leon-Rot – Schwetzingen 38,5 km 3,5 Std. ○

Von Baden nach Rheinland-Pfalz

9 Von Schwetzingen nach Worms — 143
Schwetzingen – Seckenheim – (Mannheim –) Neckarhausen – Ladenburg – Großsachsen – Lützelsachsen – Hemsbach – Laudenbach – Lorsch – Bürstadt – Rosengarten – Worms 60,5 km 6 Std. ○

10 Von Worms nach Mainz — 168
Worms – Rheindürkheim – Ibersheim – Hamm am Rhein – Oppenheim – Nierstein – Nackenheim – Mainz 53 km 5 Std. ○

Register — 190

Radfahren auf dem Rhein-Radweg

Die Autoren vor dem Bruchsaler Schloss

UNTERWEGS AUF DEM RHEIN-RADWEG UND DEM RHEINTAL-WEG

Der Rhein, Europas mächtigster Fluss, erstreckt sich von den Alpen bis an die Nordsee. An seinem südlichen Ende bahnt er sich den Weg durch alpine Gebirgslandschaften, an seinem nördlichen Ende durch die überwiegend flachen Regionen des Niederrheins und der Niederlande. Einer der schönsten Abschnitte des 1233 Kilometer langen Weges bis zur Nordseemündung bei Hoek van Holland liegt zwischen der schweizerischen Kulturmetropole Basel und der Karnevalshochburg Mainz. Dabei passiert »Vater Rhein« unter anderem den Schwarzwald und die Vogesen sowie den Kaiserstuhl. Auch das Kraichgau, der Odenwald und Teile des Pfälzer Waldes rahmen den Rhein ein. Entlang dieses knapp 400 Kilometer langen Flussabschnittes liegen außerdem das charmante Breisach, die Fächerstadt Karlsruhe oder die »Quadratestadt« Mannheim, ehe es in die Nibelungenstadt Worms geht. Sowohl in Baden als auch in Rheinhessen finden sich einige der besten deutschen Weinanbaugebiete.

Während der Rhein-Radweg vornehmlich dem Verlauf des Rheins folgt, gibt es mit dem Rheintal-Weg im baden-württembergischen

Radfahren auf dem Rhein-Radweg

Teil eine weitere interessante Route, die ein wenig weiter östlich verläuft und immer mal wieder einen Bogen weg vom Rhein schlägt. Diese Wegführung hat den charmanten Vorteil, dass so einige der schönsten Städte des deutschen Südwestens mit einbezogen werden. In dem vorliegenden Buch folgen wir auf der ersten und letzten Etappe konsequent dem Rhein-Radweg. Auf den übrigen Etappen orientiert sich dieser Radreiseführer vornehmlich am Rheintal-Weg. Dies bedeutet, dass der Rhein zwar an einigen Abschnitten komplett aus den Augen verloren wird. Dafür verläuft die fraglos wesentlich abwechslungsreichere Route nicht nur durch eine der wohl schönsten deutschen Landschaften, sondern schließt auch noch so großartige Stationen wie Offenburg, Baden-Baden, Schwetzingen oder das romantische Heidelberg ein. Auch eine Reihe kleinerer, aber kaum minder interessanter Städte und Ortschaften wie das mittelalterliche Burkheim, die alte Römerstadt Riegel, Endingen mit seinem historischen Stadtkern, das von schmucken Fachwerkhäusern dominierte Ladenburg und Lorsch mit seinem UNESCO-Weltkulturerbe werden entlang dieser Route kennengelernt.

Tourenplanung

Die vorgeschlagenen Etappen entlang des Rhein-Radweges und des Rheintal-Weges zwischen Basel und Mainz sind so angelegt, dass sie auch von normal geübten Radfahrern jeweils bequem an einem Tag absolviert werden können. Das Gros der gewählten Abschnitte lässt bei Längen zwischen 40 und 50 Kilometern genügend Freiraum, um unterwegs einige der vorgeschlagenen Sehenswürdigkeiten und Attraktionen in Augenschein zu nehmen. Auch für Stadterkundungen, ausgiebige Mittagspausen und die eine oder andere Rast ist genügend Spielraum vorhanden. In der Regel genügt es vollkommen, zwischen 9 und 10 Uhr morgens die Tagesetappe zu starten, um ohne Zeitdruck zwischen 17 und 18 Uhr den Zielort zu erreichen. Für den gesamten Streckenabschnitt von Basel bis Mainz (gut 410 Kilometer) sollten sechs bis acht Tage eingeplant werden. Aufgrund der fast durchgehend flachen Streckenführung und der kaum vorhandenen Steigungen ist die Route auch für Familien bestens geeignet.

info Internetadressen
- Allgemeine Informationen zum Rheintal-Weg: Baden-Württemberg Tourismus online, www.tourismus-bw.de
- Infos zum Rhein-Radweg: www.rheinradweg.eu

Radfahren auf dem Rhein-Radweg

Unterwegs mit Bahn, Bus und Schiff

Fast alle Streckenabschnitte zwischen Basel und Mainz sind gut mit Bus und Bahn zu erreichen. Sowohl der Startpunkt Basel als auch der Zielort Mainz sind an das Intercitynetz der Deutschen Bahn angeschlossen und von allen Teilen des Landes bequem zu erreichen. Informationen erteilt die Deutsche Bahn AG (www.bahn.de).

Auf fast allen Streckenabschnitten entlang des Rhein-Radweges verkehren Passagierschiffe, die auch Fahrräder mitnehmen. Zwischen Basel und Breisach verkehren fahrplanmäßig unter anderem die Schiffe der Breisacher Fahrgastschifffahrt (Rheinuferstraße, 79206 Breisach, Tel. 07667/94 20 10, www.bfs-info.de). Auch die Strecke über Neckar und Rhein zwischen Heidelberg, Mannheim, Worms und Mainz kann mit dem Schiff zurückgelegt werden. Anbieter ist hier unter anderem die Rhein-Neckar-Fahrgastschifffahrt GmbH (Untere Neckarstraße 17, 69117 Heidelberg, Tel. 06221/201 81, www.rnf-schifffahrt.de).

Übernachtung

Aufgrund der saisonal starken Nachfrage sollten insbesondere zwischen Mai und September die Unterkünfte bereits im Voraus gebucht werden. Etwaige Übernachtungsengpässe lassen sich in der Regel dadurch vermeiden, dass der Start der Tour auf einen Montag oder Dienstag verlegt wird, da das Gros der Radler die Tour an einem Freitag oder Samstag beginnt. Alternativ kann man die Tour natürlich auch in der umgekehrten Richtung von Mainz nach Basel mühelos in Angriff nehmen. Zur Erleichterung der Planung finden Sie im Kasten »tour kompakt« bei jeder Etappe Übernachtungsvorschläge in unterschiedlichen Preiskategorien.

Unterwegs mit Kindern

Da nahezu der gesamte Rhein-Radweg zwischen Basel und Mainz auf gut ausgebauten Radwegen verläuft, ist die Strecke auch für Familien mit Kindern überaus empfehlenswert. Allenfalls führt mal ein kurzes Stück direkt entlang einer Straße, bei der es sich dann zumeist um wenig befahrene Nebenstraßen handelt. Der flache Charakter des Weges und die kurzen Distanzen zwischen den einzelnen Städten und Ortschaften sind ebenfalls ein dickes Plus bei der Fahrt mit Kindern. Und immer wieder besteht bei müden Beinen zwi-

Radfahren auf dem Rhein-Radweg

schendurch die Möglichkeit, ein Stück mit der Bahn oder einem Passagierschiff zurückzulegen, was auch bei schlechtem Wetter eine willkommene Alternative darstellen kann.

An Wochenenden kann es insbesondere in den Ballungsgebieten wie Basel, Mainz oder Mannheim auf einzelnen Teilstrecken sehr voll werden, da auch viele Wochenendausflügler hier aktiv sind. Die Etappenlängen sollten dem jeweiligen Alter der Kinder entsprechend kürzer angelegt werden, als im Buch angegeben.

Fahrrad und Ausrüstung

Die Zusammenstellung der Ausrüstung hängt im Wesentlichen davon ab, wie die Tour gestaltet werden soll. Wer zelten möchte, benötigt eine andere Grundausstattung als bei Übernachtungen im Hotel oder Gästezimmer.

Rad

Es ist sinnvoll, ein Tourenrad zu verwenden, für Rennräder mit empfindlichen Reifen ist die Strecke nur bedingt geeignet, da es immer wieder auch über Schotterwege geht. Das Fahrrad sollte nach

Radfahrer an der Ettlinger Alb

Radfahren auf dem Rhein-Radweg

Möglichkeit über mindestens sieben Gänge verfügen. Neben einem Ersatzschlauch gehören Flickzeug und eine funktionierende Luftpumpe zur Basisausrüstung, ebenso wie Werkzeug zum Radwechsel. Nicht zuletzt schützt ein Fahrradschloss vor unliebsamen Überraschungen nach einer Rast oder Besichtigung.

Kleidung

Wer sein gesamtes Gepäck in Gepäcktaschen transportiert, sollte ein Gesamtgewicht von zwölf bis 14 Kilogramm nicht überschreiten. Auf jeden Fall gehört regenfeste (Regenjacke und -hose) und winddichte Kleidung zur Ausstattung, außerdem Funktionsunterwäsche und ein Fleece-Pullover, um Unterkühlung zu vermeiden. Ideal ist eine sogenannte Zipp-off-Hose, bei der je nach Bedarf und Temperatur die Beine per Reißverschluss abgetrennt werden können. Für weniger geübte Radfahrer empfiehlt sich zudem eine spezielle Radfahrhose mit einer entsprechenden Polsterung im Gesäßbereich.

Blick auf den Rhein und das Münster in Basel

Grundausstattung

Tragen Sie auf jeden Fall einen Fahrradhelm. Dieser schützt nicht nur bei eventuellen Stürzen, sondern bietet auch bei intensiver Sonneneinstrahlung Schutz. Da entlang des Rheins und seiner Nebenarme fast ständig ein leichter Wind weht, wird die Sonneneinstrahlung oft unterschätzt. Sonnenhut und Sonnencreme (Schutzfaktor 20 oder höher) sowie eine Sonnenbrille gehören daher unbedingt zur Grundausstattung. Ein Erste-Hilfe-Set komplettiert die Ausstattung. Vergessen Sie nicht, immer ausreichend Trinkwasser (mindestens ein bis zwei Liter pro Tag und Person) mitzuführen.

Camping-Ausrüstung

Wenn Sie unterwegs zelten wollen, sollten Sie darauf achten, dass das Zelt stabil, wind- und wasserfest und vor allem leicht ist. Schauen Sie beim Kauf darauf, dass Nähte und Reißverschlüsse sauber verarbeitet und die Zeltwand sowie das Gestänge aus hochwertigem Material sind. Sinnvollerweise verfügt das Zelt über eine Apsis, in der das Gepäck verstaut und bei Regen gekocht werden kann.

Bei der Wahl des Schlafsacks sollte nicht allein der Preis eine Rolle spielen. Wichtig ist, für welche Temperaturen dieser ausgelegt ist, zumal es insbesondere im Spätherbst und Frühjahr sehr feuchtkalt werden kann. Bei der Abwägung, ob ein Daunen- oder Kunstfaserschlafsack besser geeignet sei, sollte auf das Volumen und Gewicht geachtet werden. Generell spricht für die Kunstfasermodelle, dass sie bei Nässe häufig eine bessere Isolierfähigkeit besitzen und schneller wieder trocknen.

Als Schlafunterlagen sind selbst aufblasende Liegematten ideal: Die sogenannten Therm-a-Rest-Matten sind leicht, lassen sich gut zusammenrollen und transportieren. Sie gleichen Unebenheiten im Boden aus und isolieren gut.

Zur Küchenausstattung gehört vor allem ein guter Kocher. Petroleumkocher haben den Nachteil, dass sie hinsichtlich undichter Pumpen oder verstopfter Düsen als störanfällig gelten. Gaskocher sind leicht, sauber, bringen eine gute Kochleistung, sind aber auch windanfällig. Benzinkocher stehen ebenfalls für eine gute Kochleistung. Für Gas- oder Benzinkocher sollte daher unbedingt zusätzlich ein Windschutz vorhanden sein. Ideal sind die im Fachhandel erhältlichen Trangia-Spiritus-Sturmkocher. Des Weiteren gehören zur Camping-Küche ein Satz leichter Aluminiumtöpfe, wasserdicht verpackte Streichhölzer, ein Dosenöffner, Besteck, Teller und Tasse sowie Reinigungsmittel.

Gepäckservice

Alternativ besteht auch die Möglichkeit, für weite Teile des Weges einen Gepäckservice in Anspruch zu nehmen, der das Gepäck täglich von Unterkunft zu Unterkunft befördert. Dies bietet den Vorteil der Gewichtsersparnis und ermöglicht auch, das eine oder andere zusätzliche Kleidungsstück mitzunehmen, um beispielsweise abends chic essen oder ins Theater zu gehen. Zwischen Basel und Mainz bietet das Unternehmen Radissimo diesen Service wahlweise mit Leihrad an (Hennebergstraße 6, 76131 Karlsruhe, Tel. 0721/35 48 18 0, www.radissimo.de).

> **info Radfahren auf der französischen Seite**
>
> Ein wichtiger Hinweis für alle, die auch mal auf die französische Seite des Rheins wechseln möchten: Seit dem Jahre 2008 ist in Frankreich für Radfahrer außerhalb geschlossener Ortschaften das Tragen von reflektierenden Warnwesten verpflichtend. In Frankreich dürfen nicht mehr als ein Kind auf dem Rad und nicht mehr als zwei Kinder in einem Anhänger transportiert werden.

ADFC-Serviceangebote

Die mehr als 80 ADFC-Geschäftsstellen und -Infoläden sind wichtige Anlaufpunkte für alle, die eine Radtour unternehmen wollen. Bei der Vorbereitung Ihrer nächsten Tour beraten Sie die aktiven Mitglieder des Allgemeinen Deutschen Fahrrad-Clubs ehrenamtlich und mit viel Liebe zum Detail. Daraus sind wichtige Ratgeber und Planungshilfen entstanden. Hier die wichtigsten Tipps für Reiseradler:

ADFC-Radtouren

Hier finden Sie die ideale Vorbereitungsrunde für Ihren Radurlaub! Rund 3500 Radtourenleiter gehen jedes Jahr auf Tour und zeigen etwa 250 000 Radfahrern die schönsten Schleichwege. Von der kurzen

Feierabendtour bis zur Alpenüberquerung ist alles dabei. ADFC-Mitglieder fahren umsonst oder vergünstigt mit.

ADFC-Tourenportal

Tourenfahrer können im Internet fertige Routenvorschläge auswählen oder sich mit der Routing-Funktion auch individuelle Radstrecken zusammenstellen. Für alle Strecken werden neben GPS-Tracks auch Kartenausschnitte erzeugt. ADFC-Mitglieder erhalten Freikilometer: www.adfc-tourenportal.de

Bett+Bike

Im ADFC-Übernachtungsverzeichnis finden Sie über 5 000 fahrradfreundliche Betriebe. Neben den Bett+Bike-Büchern gibt es eine Internetdatenbank, über die Sie regionen- oder routenbezogen Ihre Unterkünfte finden können: www.bettundbike.de

ADFC-Katalog Radreisen

Zusammen mit über 80 renommierten Radreiseveranstaltern stellt der ADFC im Radreisenkatalog mehr als 100 Radreiseziele vor. Von Mecklenburg-Vorpommern bis zum Bodensee, von Irland bis zur Ukraine sowie von New York bis Neuseeland. Alle Reisen werden von

ADFC – Allgemeiner Deutscher Fahrrad-Club

Profis vorbereitet und – wenn gewünscht – vor Ort betreut:
www.radreisen-online.de

Deutschland per Rad entdecken

Wer sich die schönsten Radfernwege in Deutschland vornimmt, den erwartet eine goßartige Vielfalt mit unvergesslichen Eindrücken. Zum Planen und Träumen geben der ADFC und die Deutsche Zentrale für Tourismus (DZT) »Deutschland per Rad entdecken« heraus. Die Broschüre informiert über Länge, Charakter und Landschaft der Routen. Im Internet landen Sie mit nur einem Klick bei Ihrem Wunschziel: www.adfc.de/reisenplus

ADFC-Magazin Radwelt

Wer täglich auf dem Rad unterwegs ist, hat viel zu berichten. Alle zwei Monate erscheint das »ADFC-Magazin Radwelt« – exklusiv für Mitglieder. Sie ist die gedruckte Fahrradlobby in Deutschland und macht Ihnen das Radfahren noch leichter: www.adfc.de/radwelt

Kompetenz in Sachen Fahrrad

ADFC-Infoline
- Vor Ort: Wie finde ich meinen lokalen Ansprechpartner?
- Unfall: Wie helfen Haftpflicht- und Rechtsschutzversicherung?
- Touren: Reiseplanung – Was muss ich beachten?
- Einkauf: Tipps für Räder und Ausrüstung
- Verkehrspolitik: Wie überzeuge ich meinen Bürgermeister?
- Technik: Was muss dran sein am Rad?

Mo–Do: 9.00 bis 17.30 Uhr, Fr: 9.00 bis 15.30 Uhr

Tel.: 0421/34 62 90
Fax: 0421/346 29 50
E-Mail: kontakt@adfc.de
www.adfc.de

Radfahrer bei Seckenheim, einem Stadtteil von Mannheim

Die Touren

1 Von der Schweiz in den Schwarzwald

Von Basel nach Neuenburg am Rhein

Basel – Weil am Rhein – Isteiner Schwellen –
Bad Bellingen – Neuenburg am Rhein

  leicht 34 km 34 km 3–4 Std.

Vom Roten Rathaus im Herzen von Basel führt die Route entlang des Hafens zur schweizerisch-deutschen Grenze. Danach geht es vornehmlich am Ufer des Altrheins entlang und durch das Markgräflerland, wobei der Blick immer wieder auf den südlichen Schwarzwald und die Vogesen im benachbarten Frankreich fällt.

Das Stauwerk Kembs regelt die Pegelstände im Rhein.

etappe auf einen Blick

km 0	**Basel, Rotes Rathaus**, Rhein überqueren und weiter nach
km 4,5	**Weil am Rhein**, deutsch-schweizerische Grenze erreicht. Es geht durch Wohngebiete und dann am Stauwerk Kembs wieder direkt an den Rhein; diesem parallel folgen bis zu den
km 15	**Isteiner Schwellen**, weiter am Rhein entlang, vorbei an Kleinklems und Rheinweiler nach
km 22,5	**Bad Bellingen**, parallel zum Rheinufer weiter bis
km 34	**Neuenburg am Rhein**, Rathausplatz, Zielort erreicht

Von Basel nach Neuenburg am Rhein 1

Tour kompakt

Tourencharakter
Für Radfahrer heißt es zu Beginn des Radtages Obacht beim Verlassen der quirligen Stadt Basel. Denn zu Beginn teilen sich »Velo-Fahrer«, Mofas, Busse und Straßenbahnen für ein kurzes Stück die Fahrbahn. Sobald das Rheinufer jedoch erreicht ist, wird es ruhiger. Das Wehr Kembs bietet ein interessantes Fotomotiv, von dort ab bleibt der Charakter des Radweges bis nach Neuenburg nahezu unverändert. Es geht auf einem gut befahrbaren, geschotterten Sandweg schnurgerade am Ufer des Rheins entlang. Dieser fließt idyllisch über kleine Felsinseln und bietet Fischreihern ein geschütztes Revier. Von Kembs aus besteht Gelegenheit zu einem Kurzabstecher nach Frankreich.

Ausgangspunkt
Basel.

Endpunkt
Neuenburg am Rhein.

Anreise
Bahn: Basel besitzt drei Bahnhöfe, die von Deutschland aus mit dem ICE erreicht werden können. In Neuenburg Regionalzüge.
Auto: Basel hat Anschluss aus Deutschland an die A5/E35. Parken: Ein Parkleitsystem erleichtert die Suche nach freien Parkplätzen in der Baseler City. Neuenburg am Rhein erreichen Sie über die Anschlussstelle Müllheim/Neuenburg (65) oder über die B3/B378. Parken: Parkplätze in der Tiefgarage am Rathaus.
Flugzeug: Der internationale Flughafen EuroAirport Basel-Mulhouse-Freiburg liegt 15 Min. vom Zentrum und ist mit Bus Nr. 50 an die Innenstadt angebunden.

Wegmarkierung
Rhein-Radweg (gelber Radler auf blauem Grund mit Schriftzug »Rhein«) und Rheintal-Weg (weißer Radfahrer auf grünem Grund mit Schriftzug »Rheintal-Weg«).

Kombination bzw. Abstecher
Lohnend ist insbesondere ein Abstecher nach Bad Bellingen, wo die Thermen zu einem entspannenden Bad einladen.

Essen und Trinken
Basel: Gasthof zum Goldenen Stern, St.-Alban-Rheinweg 70, Tel. +41/(0)61/272 16 66 (historische Galerieräume – im Sommer zwei Terrassen); Restaurant Dreiländereck, Westquaistr. 75, Tel. +41/(0)61/639 95 40, www.dreilaendereck.ch (Aussicht auf den Rhein, ins Elsass und den Baseler Hafen); Restaurant Schlüsselzunft, Freie Str. 25, Tel. +41/(0)61/261 20 46, www.schluesselzunft.ch (im Herzen der Stadt, ausgezeichnete Fleisch- und Fischgerichte in historischer Stube). Neuenburg: Gasthof Adler, Breisacher Str. 20, Tel. 07631/721 20, www.adler-neuenburg.de (familiengeführtes Restaurant, Spezialitäten der Markgräfler Küche); Hotel-Restaurant Krone, Breisacher Str. 1, Tel. 07631/70 39-0, www.krone-neuenburg.de (gutbürgerliche Küche mit eigener Metzgerei).

Übernachtung
Basel: Hotel Rochat, Petersgraben 23, Tel. +41/(0)61/262 81 40, www.hotelrochat.ch (wenige Gehminuten oberhalb der Altstadt am Campus der Universität gelegen, 3-Sterne-Haus, großzügige, schlichte Zimmer); Hilton Basel, Aeschengraben 31, Tel. +41/(0)61/275 66 00, www.basel.hilton.com (hohe Qualität, 10 Min. zu Fuß von der Altstadt, mit Schwimmbad und Health Club); Hotel Drei Könige, Blumenrain 8, Tel. +41/(0)61/260 50 50, www.drei-koenige-basel.ch (nobel, eines der ältesten Stadthotels in Europa, direkt am Rheinufer und in der Altstadt); Hotel

1 Von der Schweiz in den Schwarzwald

tour kompakt

Basilisk, Klingentalstr. 1, Tel. +41/(0)61/686 96 66, www.hotel-basilisk.ch (mitten im lebendigen »Glaibasel«; viele der Zimmer sind nach den Richtlinien von Feng-Shui eingerichtet); Camping Waldhort, Heideweg 16, Tel. +41/(0)61/711 64 29, www.camping-waldhort.ch (ruhig, am Stadtrand von Basel, Schwimmbäder).
Neuenburg: Hotel Anika, Freiburger Str. 2 a, Tel. 07631/79 09-0, www.hotel-anika.de (3 Sterne, fahrradfahrer-freundlich); Dreiländer-Camping Gugel, Oberer Wald 1, Tel. 07631/77 19, www.camping-gugel.de (mit Schwimmbad und Wellnessbereich).

Werkstätten
Basel: Isi-Velowerkstatt, Dornacherstr. 277, Tel. +41/(0)61/332 22 00.
Neuenburg: Fahrradfachgeschäft Alfons Harwardt, Rebstr. 12, Tel. 07631/741 60.

Tourist-Info
Basel: Basel Tourismus, Aeschenvorstadt 36, Tel. +41/(0)61/268 68 68, Fax +41/(0)61/268 68 70, info@baseltourismus.ch, www.baseltourismus.ch
Neuenburg am Rhein: Tourist-Information, Rathausplatz 5, Tel. 07631/79 10, Fax 07631/79 12 32 12, touristik@neuenburg.de

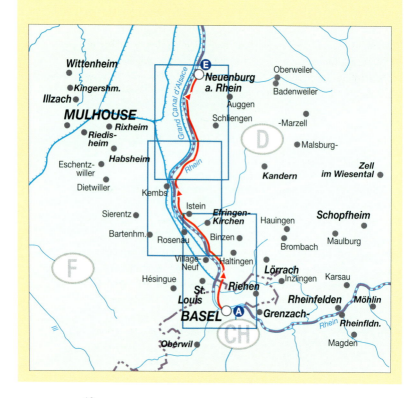

Von Basel nach Neuenburg am Rhein

Von Basel bis zu den Isteiner Schwellen

1 Die erste Etappe startet in der fahrradfreundlichen Kulturmetropole **Basel**. Es empfiehlt sich, hier einen Ruhetag vor dem eigentlichen Start der Tour einzulegen, um sich für die malerische Altstadt, das Museum und die zahlreichen Cafés und Restaurants genügend Zeit nehmen zu können.

Basel ist eine Großstadt im Westentaschenformat. Eine Stadt mit Lebensart und internationalem Flair, die bequem mit dem Fahrrad, also auf Schusters Rappen, aber auch mit der »Drämmli«, wie die Straßenbahn hier liebevoll genannt wird, erkundet werden kann. Die lange Geschichte der Besiedlung dokumentieren Zeugnisse aus keltischer und römischer Zeit, aber auch aus dem Mittelalter, der Neuzeit und Moderne. Spätestens als 1225 hier die erste Brücke zwischen dem Bodensee und der Nordsee über den Rhein geschlagen wurde, begann Basels rasanter Aufstieg als Handelszentrum. Obwohl sich die Kantonshauptstadt im Laufe der Jahrhunderte territorial nur unmerklich ausgedehnt hat, finden hier heute auf knapp 33 Quadratkilometern mehr als 160 000 Menschen Arbeit.

1514 erfolgte die Fertigstellung des markanten **Roten Rathauses** (A), eines Prachtbaus im Herzen der Innenstadt. Zu dessen Besonderheiten zählen neben dem prächtig verzierten Großen Saal insbesondere die bunten Wappenscheiben aus dem Jahr 1520. Und auch die Statue von Lucius Munatius Plancus im Innenhof dient immer wieder als beliebtes Fotomotiv. Der noch immer als Stadtpatron verehrte römische Feldherr (87–15 v. Chr.) soll im Gebiet der Rauracher die Stadt Augst, geschichtlich die Vorgängerin von Basel, gegründet haben.

Älter noch als das Rathaus, in dem bis zum heutigen Tag das Parlament des kleinsten Schweizer Kantons tagt, sind die drei noch erhaltenen Stadttore aus dem 14. Jahrhundert – und nicht zu vergessen: das **Münster** (B). Das Gotteshaus thront nach einem Brand und dem Erdbeben von 1356 im romanisch-gotischen Stil über dem Rhein. Von der angrenzenden Pfalz bietet sich ein grandioser Blick auf den größten europäischen Fluss, über die Stadt sowie zu den Ausläufern des nahe gelegenen Schwarzwaldes und der Vogesen.

Rund 170 zum Teil sehr aufwendig gestaltete Brunnen – wie etwa der verspielte **Tinguely-Brunnen** (C) am Architekturmuseum oder der **Affenbrunnen** (D) am Andreasplatz – prägen das Bild Basels

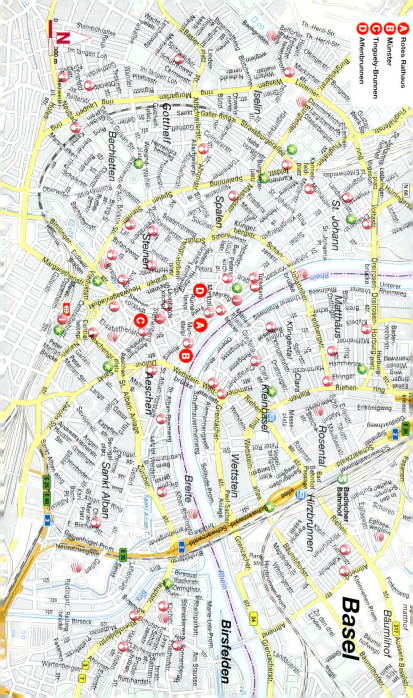

Von Basel nach Neuenburg am Rhein

ebenso wie die verträumten Gassen der Altstadt. Das herausragende Merkmal Basels ist jedoch der kulturelle Reichtum, der sich in jedem Winkel der 190 000-Seelen-Gemeinde manifestiert. Nicht von ungefähr zählt die Grenzstadt zu den bedeutendsten Zentren der bildenden Kunst in Europa. Das selbst auferlegte Prädikat »culture unlimited« wird hundertfach mit Leben gefüllt. Mehr als 30 Museen locken mit einer großartigen Vielfalt. Der Bogen spannt sich vom sehenswerten Antikenmuseum und dem Anatomischen Museum mit Originalpräparaten von menschlichen Körperteilen über das beliebte Karikatur- und Cartoon-Museum bis hin zum Puppenhausmuseum, das mit seinen Teddybären, Puppen, Kaufmannsläden und Miniaturen die Herzen von kleinen und erwachsenen Kindern höherschlagen lässt, oder dem Schweizer Sportmuseum, das einen Querschnitt durch Sport und Spiel in der Alpenrepublik zeigt.

Mitten in der Altstadt am Totengässlein befindet sich das Pharmazie-Historische Museum der Universität Basel, besser bekannt als Apothekermuseum. Abenteuerliche Sammlungen aus alten Apotheken und geheimnisvolle Heilmittel, Laborutensilien und mittelalterliche Instrumente laden ein, bei einer Reise durch die Vergangenheit der Pharmazie entdeckt zu werden.

International viel beachtet und seit Jahren das meistbesuchte Museum der Schweiz ist die **Fondation Beyeler**. Das Sammlerehepaar

Tipp Das »Hoosesaggmuseum«

Es gibt wohl kaum etwas, was hinter dem gerade einmal 50 mal 50 Zentimeter großen Fenster noch nicht in irgendeiner Form zu sehen war: Teesiebe und Gummibälle, Quietscheentchen, Kämme und Minibücher, aber auch Stopfkugeln, Flaschenöffner, Modellautos und Elefanten. Wertvolles und weniger Wertvolles, Kitschiges und Kunstvolles. Keine Frage, das »Hoosesaggmuseum« darf sich rühmen, unter den kleinsten Museen eines der größten zu sein. Hochwahrscheinlich ist es sogar das kleinste der Welt, auf jeden Fall aber eines der ungewöhnlichsten. Denn das **»Hosentaschenmuseum«** kostet keinen Eintritt. Das Museum in dem historischen Gemäuer aus dem Jahr 1345 ist auch nicht öffentlich zugänglich. Dafür kann ein jeder im Vorbeigehen oder während einer kleinen Verweilpause im Imbergässlein in der Basler Altstadt einen Blick auf die wechselnden Ausstellungen in dem ungewöhnlichen Fenster der Haustür werfen. Und das Beste: Ein jeder kann entgeltfrei seine eigene kleine Sammlung dort für sechs Wochen zeigen.

Dagmar Vergeat, Imbergässlein 31, 4051 Basel, Tel. +41/(0)61/261 00 11, www.hoosesaggmuseum.ch

1 Von der Schweiz in den Schwarzwald

> **info Lachse im Oberrhein**
>
> Im Jahre 2010 wurden erstmals seit den 1950er-Jahren wieder Lachse im Oberrhein bei Basel gefangen. Nach der verheerenden Chemie-Katastrophe von 1986, die vom schweizerischen Pharmakonzern Sandoz verursacht wurde, begannen die Rheinanliegerstaaten mit dem Wiederansiedlungsprojekt »Lachs 2000«. Damit wurde der Fisch zugleich zum Symbol der ökologischen Wiederherstellung des Rheins. Im Zuge des Programms wurden an den zehn Staustufen zwischen der Nordsee und Basel die Wanderhindernisse für den Lachs beseitigt und Fischtreppen errichtet.

Hildy und Ernst Beyeler trug während der 1950er-Jahre des vergangenen Jahrhunderts parallel zu einer erfolgreichen Galeristentätigkeit ausgesuchte Werke der klassischen Moderne zusammen. 1982 wurde die Sammlung mit ihren mehr als 200 Bildern und Skulpturen in eine Stiftung überführt. 1997 erhielt die Sammlung mit der Fondation Beyeler ein Zuhause in einem modernen Gebäudekomplex, der vom italienischen Stararchitekten Renzo Piano entworfen wurde. Vermittelt wird ein vielfältiger Einblick in die Kunst der klassischen Moderne. Der Bogen spannt sich dabei vom Spät- und Postimpressionismus mit Werken von Paul Cézanne, Vincent van Gogh und Claude Monet über Kubismus mit Pablo Picasso und George Braque bis hin zu weiteren repräsentativen Werkgruppen von Joan Miró, Wassily Kandinsky, Henri Matisse, Paul Klee – um nur einige zu nennen. Hinzu kommen Beispiele des amerikanischen Expressionismus von Mark Rothko und Barnett Newman. Auch Roy Lichtenstein und Andy Warhol sind hier vertreten.

Überaus empfehlenswert ist daneben der Besuch des **Schaulagers**. Dieses macht seinem Namen alle Ehre und stellt mehr als eine neue Art von Raum für Kunst dar – weder Museum, noch Lagerhaus. Ein Ort, an dem die Sammlung der Emanuel-Hoffmann-Stiftung zum Ausgangspunkt von Kreativität und Aktivität, von Lernen und Vergnügen wird.

Letzteres wird insbesondere in den lauen Nächten an der Kleinbasler Seite großgeschrieben, wenn die Promenade bis spät in die Nacht zur Flaniermeile wird und sich die Probleme der Welt in den gemütlichen Kneipen und Restaurants bei dem einen oder anderen Glas Wein in Wohlgefallen auflösen. Manch einer hüpft dann mit den Worten »I gang an Bach« mit einem wasserdichten Kleidersack im Schlepptau in den Rhein, um sich abzukühlen und ein Stück stromabwärts zu schwimmen. Ein Stück Freiheit, das die Basler als Symbol ihrer Weltoffenheit werten, ebenso wie jenes Monument am Rheinhafen, das das **Dreiländereck** markiert.

Von Basel nach Neuenburg am Rhein

🚲

4,5 km

↓

Startpunkt ist das Rote Rathaus in Basel direkt am Marktplatz. Das Rathaus rechter Hand, fahren wir geradeaus die Straße runter, → an der ersten Möglichkeit biegen wir rechts in die Eisengasse ab, setzen unseren Weg geradeaus über die Mittlere Brücke fort und überqueren den Rhein. → Nach etwa einem Kilometer vom Startpunkt am Rathaus biegen wir links in die Untere Rheingasse, unmittelbar nachdem wir die Rheinbrücke passiert haben. Beim Abbiegen ist aufgrund des hohen Verkehrsaufkommens Vorsicht geboten!

→ An der nächsten Möglichkeit folgen wir links der Straße mit dem Schild Klingental und fahren unter einem Torbogen hindurch und umfahren den historischen Gebäudekomplex mit dem Museum Kleines Klingental. → Danach geht es links durch ein schmiedeeisernes Tor runter an das Rheinufer, → wo wir uns rechts halten. Hier gilt es, ein paar Stufen zu meistern, die allerdings eine Schiebevorrichtung für Räder haben. Wir fahren parallel zum Rhein auf der Straße Unterer Rheinweg. Bei Tageskilometer 1,9 unterqueren wir die nächste Rheinbrücke. Es ist sehr wohltuend, die pulsierende Stadt mit ihrem Autoverkehr hinter sich zu lassen. Linker Hand passieren wir nun

Blick auf das Baseler Münster und den Rhein

Von Basel nach Neuenburg am Rhein

Industrieanlagen von Novartis und Coop sowie eine kleine Hafenanlage, während wir unter einer weiteren Rheinbrücke hindurchfahren. Auch rechter Hand an der Brücke ist die Firma Novartis gut sichtbar mit einem Hochhaus vertreten. Weiter geht es parallel zu einem Gleis, das uns etwas vom Rhein wegführt. Die Straße heißt nun Altrheinweg. Linker Hand sind riesige Gas- und Öltanks. Bald erreichen wir Kleinhüningen.

In Höhe der Firma Rhenus Logistics macht der Rhein einen Rechtsknick. → Wir folgen der Beschilderung am Altrheinweg rechtsherum Richtung Rheinhafen und Dreiländereck. Die Straße macht einen Rechtsknick, heißt nun Am Wiesendamm. Wir radeln parallel zum Flüsschen Wiese, → überqueren die Straße und → fahren gleich links über die Brücke. Dann überqueren wir den Kreisverkehr, passieren linker Hand das Restaurant Schiff und folgen nun der Dorfstraße. → Schließlich biegen wir rechts in den Weilerweg ab.

Wir treffen auf die Straße Kleinhüningeranlage und → biegen links ab. Es geht einen leichten Anstieg die Brücke hinauf. Hier verläuft parallel zur Straße ein Radweg. Nach knapp fünf Radkilometern seit dem Start haben wir die schweizerisch-deutsche Grenze erreicht, nachdem wir durch das Hafengebiet gefahren und die Brücke leicht heruntergerollt sind. → Wir erreichen direkt nach der Grenze und der Zollstation Weil am Rhein.

i Die 28 000-Seelen-Gemeinde **Weil am Rhein** (www.w-wt.de und www.weil-am-rhein.de) im Dreiländereck von Deutschland, Frankreich und Schweiz ist die südwestlichste Stadt der Bundesrepublik. Die besondere Lage zwischen dem Rhein und den Ausläufern des Schwarzwaldes sorgt für ein fast südländisches Klima und bietet hervorragende Voraussetzungen für den Weinbau. Nicht von ungefähr ist Weil am Rhein auch Startpunkt der Badischen Weinstraße (www.deutsche-weinstrassen.de). Daneben ist die Kleinstadt als »Stadt der Stühle« bekannt. An verschiedenen Stellen im Stadtgebiet sorgen überdimensionale Designerstühle für ungewöhnliche Blickfänge.

Sehenswert ist auch das Stapflehus (www.stapflehus.de) aus dem Jahr 1607. In dem ehemaligen Herrenhaus ist heute eine städtische Galerie untergebracht. Derweil zeigt das Museum am Lindenplatz

1 Von der Schweiz in den Schwarzwald

(www.museen-weil-am-rhein.de) wechselnde Ausstellungen zu kulturhistorischen Themen. Auf das wohl größte Interesse bei Besuchern aus dem In- und Ausland stößt aber das Vitra Design Museum (www.design-museum.de), das maßgeblich zur Erforschung und Popularisierung von Design beigetragen hat. Das Museum untersucht und vermittelt Design in seinen unterschiedlichsten Ausprägungen und legt dabei einen besonderen Schwerpunkt auf Möbel- und Interiordesign.

Eine Besonderheit ist auch die 2007 für den Verkehr freigegebene Dreiländerbrücke, die Weil am Rhein mit dem französischen Huningue verbindet. Das von Dietmar Feichtinger entworfene Bauwerk avancierte mit 229,4 Metern zur längsten freitragenden Fußgänger- und Radfahrerbrücke der Welt.

10,5 km Unmittelbar nach dem Ortseingangsschild von Weil am Rhein → biegen wir rechts in die Obere Schanzstraße ab. → Wir überqueren die Klybeckstraße sowie die Grenzstraße und folgen einer Spielstraße, die immer noch die Obere Schanzstraße ist. → Sobald wir auf die Hardstraße treffen, biegen wir links ab und fahren weiter unter der Brücke hindurch. → Wenn wir auf eine Straße treffen, überqueren wir diese an der Fußgänger- und Radfahrerampel und setzen unseren Weg geradeaus an dem Radweg fort, der unter der Brücke entlangführt. Linker Hand treffen wir auf ein paar Häuser – dort weist links das erste Schild auf den Rheintal-Weg hin. Wir folgen weiter dem Rad- und Fußweg parallel zur Autobahnbrücke, der schließlich in die Alte Straße übergeht. → An der Kreuzung Riedlistraße und Alte Straße biegen wir rechts ab und folgen weiter der Alten Straße. Parallel zur Autostraße verläuft ein Radweg. Wir bleiben der Alten

info Der geteilte Rhein

Südwestlich des seit 1975 zu Weil am Rhein gehörenden Ortsteils **Märkt** teilt sich der Rhein vor dem gleichnamigen Stauwerk Märkt in den Rheinseitenkanal, den Grand Canal d'Alsace, der über 50 Kilometer bis nach Breisach führt, und den Alt-Rhein. Das Wehr, über das ein Fußgänger- und Radweg direkt nach Frankreich führt, wurde 1932 nach fünfjähriger Bauzeit in Betrieb genommen, nachdem die Franzosen gemäß Versailler Vertrag von 1919 das Recht erwirkt hatten, Rheinwasser ableiten und die Wasserkraft des Flusses nutzen zu dürfen. Zusammen mit dem Kraftwerk in Kembs regelt das von Électricité de France betriebene Stauwerk die Pegelstände am Rhein. Nur ein Teil des Wassers wird in den Alt-Rhein-Arm abgelassen. In der Mitte des Rheins verläuft die Landesgrenze zwischen Deutschland und Frankreich.

Von Basel nach Neuenburg am Rhein

Straße ein ganzes Stück weit treu und fahren geradeaus, bis sie ihren Namen in Rheinstraße ändert. → Wo rechts die Wampfler AG erscheint, biegen wir links ab in die Rheinstraße, die Richtung Rhein und Stauwehr Märkt ausgeschildert ist. → Wir fahren sofort über eine kleine Wehranlage an einem kleinen Bachlauf, passieren rechter Hand einen Fußballrasenplatz und linker Hand das Restaurant Am Stauwehr.

Geradeaus fällt nun das Stauwerk Kembs ❶ in den Blick. Ein Schild weist darauf hin, dass in 100 Metern Frankreich erreicht ist, das auf der anderen Rheinseite liegt. Wir biegen vor dem Stauwerk rechts ab Richtung Neuenburg. Bei entsprechendem Wetter sieht man hier im Wasser zahlreiche Fliegenfischer stehen. Linker Hand steht ein alter Kran am Ufer, geradeaus fallen die Ausläufer der Vogesen in den Blick. Der Weg auf dem breiten Damm ist hier eine gut befahrbare Sand- und Schotterpiste, wird links und rechts von Bäumen gesäumt und verläuft mit Vater Rhein zur Linken. Das Einzige, das nun die Idylle etwas stört, ist der Lärm der Autobahn, der immer wieder durch die dichten Bäume dringt. Bei Flusskilometer 177 hat dieser Rheinnebenarm eine besondere Gestalt: Zahlreiche kleine Felseninselchen, die mit Bäumchen bewachsen sind, dominieren das Wasser und sorgen für kleine Staustufen, die sogenannten Isteiner Schwellen ❷.

Von den Isteiner Schwellen nach Neuenburg am Rhein

i Die Stromschnellen werden von Felsblöcken durchzogen. Bis ins 19. Jahrhundert behinderten die mächtigen Steinklötze die Schifffahrt in diesem Bereich massiv. Dies war ein Grund dafür, dass im Jahr 1928 der knapp 50 Kilometer lange Rheinseitenkanal, der Grand Canal d'Alsace, zwischen Weil am Rhein und Breisach angelegt wurde.

Im Jahr 2009 wurde eine umstrittene Besucherplattform an den Isteiner Schwellen errichtet. Hier erläutern Informationstafeln das Naturphänomen und verschaffen einen kurzen Einblick in die Geschichte dieses Rheinabschnitts, der hier zahlreiche kleine Sand- und Steinstrände aufweist. Letztere erfreuen sich insbesondere bei Nacktbadern großer Beliebtheit, was schon mal dazu führt, dass der faszinierende Blick auf die Isteiner Schwellen zur Nebensache wird.

1 Von der Schweiz in den Schwarzwald

Nur ein kurzes Stück hinter den Isteiner Schwellen fällt der Blick auf ein weiteres Naturphänomen, den **Isteiner Klotz**. Nördlich von **Istein** (www.istein.de), das heute Teil von Efringen-Kirchen ist, ragt dieser rund 150 Meter aus der Rheinebene auf. Der 1986 unter Naturschutz gestellte markante Bergrücken besticht durch eine artenreiche Fauna und Flora. In einer Felsnische befindet sich eine Kapelle, die um das Jahr 1100 errichtet wurde. Das kleine Gotteshaus ist dem Heiligen Vitus gewidmet, der einst als Heiler der Epilepsie galt.

5 km

Bei Tageskilometer 19 wartet eine kleine, ungewöhnliche Herausforderung auf die Radler: Es gilt, einen kleinen Bachlauf mit dem Rad zu durchqueren. Bei schönem Sommerwetter und niedrigem Wasserstand sicher eine willkommene Erfrischung, wobei diese nicht ohne Risiko ist: Die Steine, die stets im Wasser liegen, sind mit Algen bewachsen und daher rutschig. Die sichere Variante ist, → links über die kleine Holzbrücke auszuweichen und so den Bachlauf zu »überfahren«. Unmittelbar nach dem Bach geht es einen kleinen Anstieg hoch. Dort sind ein Grillplatz sowie ein Tisch und Bänke für eine kleine Rast zu finden.

Kurz danach kommen rechter Hand, oberhalb eines Steinbruches, die ersten Weinberge in den Blick. Eine verheißungsvolle Vorausahnung des Weingenusses, den Radler im Verlauf des Rheines bis nach Mainz erleben können. → Nach Rheinweiler verläuft der Weg weiter parallel zur Autobahn und linker Hand zum Rhein. Die Autobahn liegt dabei teilweise nur knapp 20 Meter weit vom Radweg ab, und das sorgt hier für ein kurzes Stück nicht nur für beständiges Rauschen, sondern auch für etwas schlechtere Atemluft.

› Abstecher nach Rheinweiler

1 km
hin und
zurück

❶ Wer möchte, kann den Damm verlassen und einen kurzen Abstecher nach **Rheinweiler** (www.rheinweiler-online.de) unternehmen. Markantestes Gebäude der Ortschaft, die heute zu Bad Bellingen gehört, ist das Schloss Rheinweiler. Fast 1600 Jahre reicht die Geschichte des Anwesens zurück. Schon um das Jahr 417 hat hier eine Burg gestanden. Nach mehrmaliger Zerstörung sowie Wieder-

Von Basel nach Neuenburg am Rhein

auf- und Neubau beheimatet das 1715 errichtete Schloss heute ein Pflegeheim für Senioren. ◂

Wenige Kilometer später bietet sich rechts die Möglichkeit, nach Bad Bellingen abzubiegen mit der Balinea Therme, dem Kurhaus mit Café und einem Barfußpark, der nach dem Strampeln auf dem Rad vielleicht für angenehme Abwechslung sorgt. Um den Kurpark zu erreichen, muss man nur den kleinen Tunnel durchfahren. In Bad Bellingen befindet sich direkt neben dem Parkplatz des Kurhauses und der Therme ❸ auch ein großer Supermarkt mit Bäckerei, sodass man hier auch seine Getränke- und Verpflegungsvorräte auffrischen kann.

2,5 km ↓

ℹ Die 4000-Seelen-Gemeinde **Bad Bellingen** (www.bad-bellingen.de), die lange Zeit kaum mehr als ein Weiler mit Gehöften war, kam eher durch Zufall in den Status eines Kurortes. Denn eigentlich sollte in dem Dorf nach Öl gebohrt werden, als im Jahr 1956 statt des schwarzen Goldes heißes Wasser aus der Erde schoss. Und schon bald wurden zwei weitere Thermalquellen entdeckt. Aus bescheidenen Anfängen, mit einem Weinbottich als Badezuber, entstanden die heutigen, mit modernster medizinischer Infrastruktur ausgestatteten Balinea Thermen. Das Mineralbad besticht durch eine 1000 Quadratmeter große Wasserfläche, Massagedüsen und Sprudelliegen sowie eine Salzgrotte, einen Saunapark und ein angeschlossenes Gesundheitszentrum. Aufgrund seines hohen Mineralsalzgehaltes verschafft das 35 Grad Celsius warme Thermalwasser Linderung bei Beschwerden der Gelenke oder der Wirbelsäule sowie der Muskulatur.

Ein Stopp in Bad Bellingen verspricht Badespaß pur.

Wer mehr über die Kulturgeschichte des Heilbadens in der

1 Von der Schweiz in den Schwarzwald

Region von den Römern bis heute erfahren möchte, sollte dem Oberrheinischen Bäder- und Heimatmuseum (www.baedermuseum.de) einen Besuch abstatten.

11,5 km

Nach rund 400 Metern passieren wir linker Hand die Fundamente einer Drahtseilfähre – es ist nur noch die Einfahrt zu erkennen, ansonsten ist von der Fähre nichts mehr zu sehen. Neben der Fährstelle liegt auch ein alter Anker, der 1999 gefunden wurde. Nach etwa 750 Metern passieren wir rechter Hand einen Fußballplatz. Angrenzend findet sich die Sportgaststätte des VfR Bad Bellingen. Nach etwa zwei Kilometern passieren wir rechter Hand eine Schutzhütte. Dann liegt rechts ein Klärwerk. Wir erreichen einen weiteren, nicht mehr in Betrieb befindlichen Fähranleger. Schließlich unterqueren wir die Autobahn A5, die hier auch eine Brücke über den Rhein schlägt. → Gute fünf Kilometer später unterqueren wir eine Stahlbrücke, über die neben Autos auch Züge verkehren. Nun geht der Weg weiter auf Betonplatten. Der Betonweg endet schließlich an einer Kreuzung, an der einem das Restaurant-Schild »Zum kleinen Hecht« ins Auge fällt. → Wir halten uns an dieser Stelle halb rechts und folgen der Müllhauser Straße geradeaus vorbei an der Gaststätte »Zum kleinen Hecht«, → fahren dann unter der Unterführung hindurch und rechts den Berg leicht hoch. → Nach der Ampel fahren wir links in die kleine Grünanlage. → Dort, wo sich der Weg gabelt, geht es rechts in einem U-förmigen Bogen leicht bergauf. Oben wartet ein Denkmal, → an dem wir uns rechts halten und der gepflasterten Straße in das Zentrum von Neuenburg folgen. → Wir überqueren die Hauptstraße und fahren weiter geradeaus in die Metzgerstraße, die als Sackgasse ausgeschildert ist. Von hier aus sind es noch 100 Meter bis ins Zentrum von Neuenburg am Rhein. Am Ende der Metzgerstraße treffen wir auf die Fußgängerzone am Rathausplatz, wo die erste Etappe endet.

ℹ️ Viele Sehenswürdigkeiten weist **Neuenburg am Rhein** (www.neuenburg.de) nicht auf, sieht man einmal von dem kleinen Stadtmuseum mit seiner stadtgeschichtlichen Sammlung ab. Rund um den charmanten Rathausplatz mit seinen Brunnenanlagen finden sich zahlreiche gastronomische Einrichtungen.

Von Neuenburg am Rhein nach Breisach

Neuenburg am Rhein – (Grißheim –) (Neuf-Brisach –) Breisach

  leicht 29 km 63 km 3–4 Std.

Die Strecke von Neuenburg am Rhein bis nach Breisach hat lediglich ein Pfund zu bieten, mit dem sie wuchern kann: Natur pur. Dafür mangelt es auf dieser leicht zu befahrenden Strecke an besonderen Sehenswürdigkeiten und an interessanten Städten und Ortschaften – sieht man einmal von dem lohnenswerten Tagesziel ab, das fraglos eines der charmantesten Städte am Oberrhein ist.

Das historische Rathaus von Breisach

etappe auf einen Blick

km 0	Neuenburg am Rhein, zurück ans Rheinufer, diesem stets parallel folgen
km 8,5	Altes Fährwärterhäuschen, von hier Abstecher nach Grißheim möglich
km 29	Breisach, Zielort erreicht

2 Von der Schweiz in den Schwarzwald

tour kompakt

Tourencharakter
Heute geht es direkt am Rhein entlang. Auf geschotterten und teils asphaltierten Abschnitten erreichen wir Breisach. Der Weg führt zunächst auf einem Hochdamm entlang. Da die Tagesetappe in kurzer Zeit zu schaffen ist, bleibt genügend Zeit, Breisach zu erkunden. Alle Radwege sind gut befahrbar. Es gibt keine nennenswerten Steigungen.

Ausgangspunkt
Neuenburg am Rhein.

Endpunkt
Breisach.

Anreise
Bahn: Nach Neuenburg Regionalzüge. Breisach ist über Freiburg mit S-Bahn- und Busverbindungen zu erreichen.
Auto: Neuenburg am Rhein erreichen Sie über die Anschlussstelle Mülheim/Neuenburg (65) oder über die B3/B378. Parken: Parkplätze in Tiefgarage am Rathaus. Breisach ist über die A5 Basel–Frankfurt, Ausfahrt Riegel, Freiburg-Süd oder Bad Krozingen zu erreichen. Parken: Parkhäuser finden sich u. a. an der Friedhofsallee und an der Straße Zum Kaiserstuhl.

Wegmarkierung
Rheintal-Weg (weißer Radfahrer auf grünem Grund mit Schriftzug »Rheintal-Weg«).

Essen und Trinken
Breisach: Café Ihringer, Marktplatz 1, Tel. 07667/310 (Kuchen und Torten); Gasthaus Bayrischer Hof, Neutorstr. 25, Tel. 07667/83 37 67, www.bayrischer-hof-breisach.de (gemütliches Gasthaus in der Fußgängerzone, mit Terrasse).

Übernachtung
Breisach: Kapuzinergarten, Kapuzinergasse 26, Tel. 07667/930 00, www.kapuzinergarten.de (auf dem Münsterberg, schmiegt sich über neun Etagen an den Hang); Jugendherberge Breisach, Rheinuferstr. 12, Tel. 07667/76 65, www.jugendherberge-breisach.de (am Rheinufer); Camping Münsterblick, c/o Hotel Landgasthof Adler, Hochstettener Str. 11, Tel. 07667/9393-0, www.adler-hochstetten.de

Werkstätten
Neuenburg: Fahrradfachgeschäft Alfons Harwardt, Rebstr. 12, Tel. 07631/741 60. Breisach: Fahrräder Schweizer, Neutorstr. 31, Tel. 07667/76 01.

Tourist-Info
Breisach: Kaiserstuhl-Tuniberg Information, Marktplatz 16, Tel. 07662/93 53 86, Fax 07223/93 53 87, www.kaiserstuhl.cc

Von Neuenburg am Rhein nach Breisach 2

Radfahrerin unweit von Breisach

Von Neuenburg am Rhein zum Fluss

Wir beginnen unsere Tour in Neuenburg am Rhein an der Ecke Mülhauser Straße/Rheinhafenstraße. → Wir biegen an der Kreuzung von Neuenburg kommend rechts ab und folgen der Rheinhafenstraße, einer asphaltierten Straße, die links von Schatten spendenden Bäumen gesäumt wird. → Wenn die Rheinhafenstraße einen Rechtsknick macht, fahren wir links auf den Schotterweg.

Unmittelbar vor dem Weg passieren wir eine Bootseinlassstelle. Der Weg führt schnurstracks auf einem Hochdamm entlang. Der sandige Untergrund knirscht angenehm unter den Reifen, Vogelgezwitscher rundet das klangliche Erlebnis ab. Nach 7,6 Kilometern kommen wir an eine weitere Stelle, an der früher eine Fähre zu finden war. Rechts

info Wasserpegel des Rheins

Auch bei gutem Wetter kann der Wasserpegel des Rheins in diesem Bereich rasch ansteigen, denn der Fluss kommt aus den Alpen und dem Schweizer Jura. Innerhalb von nur 30 Minuten kann der Wasserspiegel schon mal um gut einen Meter ansteigen, wenn es in den Alpen zu heftigen Regenfällen kommt oder die Schneeschmelze einsetzt. Wer sich ans Ufer oder eine der Inseln wagt, sollte daher stets den Rückweg im Auge behalten.

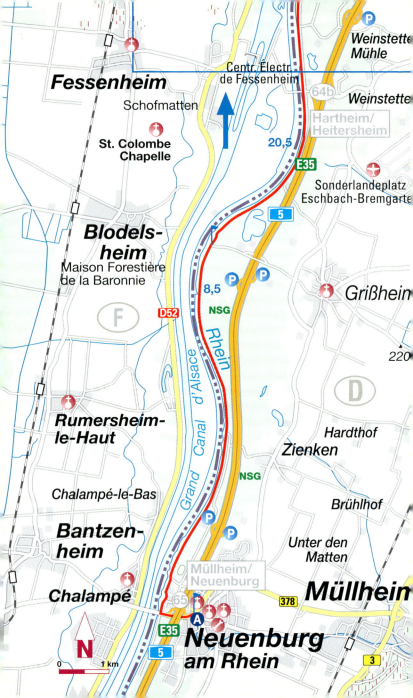

Von der Schweiz in den Schwarzwald

8,5 km

liegt das Häuschen des Fährenwärters. Am alten Fährübergang bietet sich auch die Gelegenheit, direkt ans Rheinufer hinabzufahren und die Füße im Fluss abzukühlen. Von hier bietet sich ein Abstecher nach Grißheim an. Schließlich ist die restliche Strecke bis Breisach ansonsten eher eine »Durststrecke« – zumindest, was die Versorgungslage angeht. Es gibt unterwegs nur noch eine Einkehrmöglichkeit, die aber nur am Wochenende geöffnet ist.

 › **Abstecher nach Grißheim**

5,6 km
hin und
zurück

Um nach Grißheim zu gelangen, → biegen wir nach dem alten Fährwärterhäuschen rechts auf die asphaltierte Straße ab. Grißheim bietet sich mit der Landbäckerei mit Stehcafé, in der man auch Lebensmittel des täglichen Bedarfs erhält, für einen kleinen Erholungsstopp an. Der Weg in das Örtchen führt vorbei an einer Betonfabrik zur Linken. → Nach der Fabrik geht es eine Anhöhe hoch, und wir überqueren die Autobahn A5. → Schließlich treffen wir auf eine Bundesstraße, die wir geradeaus überqueren. ‹

19,5 km

Wer nicht nach Grißheim abbiegen möchte, fährt weiter parallel zum Rhein geradeaus nach Breisach. Der Weg führt durch ein bewaldetes Gebiet, mit dem Rhein zur Linken.
Trifft der Weg auf eine Brücke, hat man einmal mehr die Möglichkeit, nach Frankreich hinüberzugelangen. → Der Weg macht vor der Brücke einen Rechtsknick, dem wir auch entsprechend folgen. Die Brücke führt ins französische Chalampé. → Die erste Möglichkeit fahren wir links. Über die Straße rüber, die von der Brücke kommt, → um unmittelbar nach der Brücke wieder zum Rhein hinunterzufahren.
Wenn der Weg auf eine T-Kreuzung trifft, → fahren wir halb links und → sofort wieder rechts, um weiter dem Weg parallel zum Rheinufer zu folgen. Rechter Hand ist hier an dieser Ecke ein Gatter mit Rehen. Schließlich passieren wir erneut einen ehemaligen Fährübergang. Dann beschreibt der Weg eine Rechtskurve und führt in einen Wald hinein. Wir folgen dem Weg durch den Wald. Dieser Weg beschreibt nun ein »U« durch das Wäldchen wieder zurück an den Rhein, wo sich links ein

Von Neuenburg am Rhein nach Breisach

kleiner Jachthafen mit zahlreichen Booten im Wasser und an Land im Trockenen befindet. Dazu gehört das Clubhaus eines Segelvereins, das am Wochenende auch Getränke und Speisen zum Kauf anbietet.

Wenn der Weg auf eine T-Kreuzung trifft, → biegen wir links ab und folgen dem Verlauf der Straße. → Es gibt zwei Möglichkeiten, rechts abzubiegen. Wir nehmen die zweite Möglichkeit, die näher am Rhein ist, und fahren den kleinen Hügel hinauf. Links passieren wir einen halb verrotteten Kran. Der Rhein wird nun zunehmend breiter, je näher wir Richtung Breisach kommen.

> **info** Der Rhein – kürzer als gedacht
>
> Auch wenn Ihnen als Radler der Rhein an manchen Abschnitten vielleicht unendlich lang vorkommen mag – er ist kürzer, als jahrelang angenommen. Im Frühjahr 2010 wurde es bekannt: Die Länge des mächtigen europäischen Stromes wurde um 90 Kilometer zu hoch angegeben – vermutlich, so der Biologe Bruno Kremer, aufgrund eines Zahlendrehers aus dem Jahr 1960. Damals waren wohl die Zahlen zwei und drei vertauscht worden, aus der korrekten Angabe von 1230 Kilometer Länge von der Quelle in den Schweizer Alpen bis zur Mündung bei Hoek van Holland wurde die Zahl 1320, erklärte Kremer in der »Süddeutschen Zeitung«. Von da an hat wohl einer nach dem anderen die falsche Info übernommen.

Am Rhein entlang nach Breisach

Dann führt der Weg direkt am Rhein entlang, sodass der Weg nicht mehr durch Bäume vom Fluss getrennt ist. Geradeaus kommt die nächste Rheinbrücke in den Blick. Endlich gelangen wir an den Regattaturm von Breisach. Hier werden immer wieder internationale Ruderwettkämpfe ausgetragen. Rechter Hand passieren wir das Alfred-Berge-Haus, das Leistungszentrum des Landesruderverbandes Baden-Württemberg, und die Anlage des Breisacher Rudervereins. Am Ufer kann es besonders an Sommertagen etwas eng werden – weil entsprechend viele Leute mit Hund, Kind und Rad unterwegs sind.

› Abstecher nach Neuf-Brisach

1 Lohnenswert ist ein Abstecher über die Brücke auf die von Breisach aus gegenüberliegende Rheinseite ins französische **Neuf-Brisach** (www.neuf-brisach.fr), wo Sonnenkönig Ludwig XIV. zwischen 1699 und 1702 die Festungsanlagen von Vauban errichten

12 km hin und zurück

Von Neuenburg am Rhein nach Breisach

ließ. Die gesamte Stadt wurde um den Place d'Armes, den zentralen Exerzierplatz, schachbrettmusterartig in Form eines Achtecks angelegt. Zu den Sehenswürdigkeiten der 2100-Seelen-Gemeinde zählt neben den Befestigungsanlagen, die seit dem Jahre 2008 zum Weltkulturerbe der UNESCO gehören, das Vauban-Museum im Belfort-Tor, das über die Stadtbaugeschichte informiert. ‹

An der Brücke von Breisach liegt eine weitere Staustufe. Unmittelbar nach dem Ruderclub erscheint auf der rechten Seite das Café Rheinpromenade. Es liegt direkt am Radweg und hält zahlreiche willkommene Erfrischungen für Radler bereit. Der Weg führt nun unter der Brücke hindurch Richtung Breisach Stadt – linker Hand der Rhein mit Schiffsanlegern, rechter Hand fallen Weinhänge ins Auge. → Nun fällt auch das St.-Stephans-Münster in den Blick. Wir folgen der Straße, die eine Rechtskurve beschreibt, und passieren das Ortseingangsschild von Breisach. → An der nächsten Kreuzung biegen wir links ab und folgen der Josef-Bueb-Straße. → An der ersten Möglichkeit biegen wir rechts ab in die Schwanenstraße. An der Ecke Schwanenstraße, Josef-Bueb-Straße und Hafenstraße, unweit des Rheintors, ist der Endpunkt der heutigen Etappe.

1 km

Das historische Rheintor in Breisach

ℹ Mehr als 4000 Jahre reicht die Geschichte **Breisachs** zurück. Rhein und Rheinbrücke ließen den einstigen Standort eines römischen Kastells im 17. Jahrhundert zu einem bedeutenden Verkehrsknotenpunkt und Handelsplatz aufsteigen. Wahrzeichen ist das im 12. bis 15. Jahrhundert im romanischen und gotischen Stil errichtete **St.-Stephans-Münster** (**A**), das hoch über der Stadt auf dem Münsterberg thront. Einen besonderen Blickfang bildet auch das im Jahr 1678 fertiggestellte **Rheintor** (**B**) mit seiner reich verzierten Westfassade, in dem seit 1991 das Museum für Stadtgeschichte untergebracht ist. Auch die Unterstadt mit ihren bunt getünchten Häusern rund um den Marktplatz bietet zahlreiche Sehenswürdigkeiten. Der Bogen spannt sich vom **Gutgesellentor** (**C**) aus dem 14. Jahrhundert über Teile der alten Stadtmauer bis hin zur Spitalkirche St. Martin.

3 Von der Schweiz in den Schwarzwald

Von Breisach nach Endingen

Breisach – Burkheim – Sasbach – Endingen

  leicht 24 km 87 km 2½ Std.

Zwischen dem Alt-Rhein-Arm und dem Kaiserstuhl führt die Strecke durch ausgedehnte Wälder, aber auch vorbei an riesigen landwirtschaftlichen Anbauflächen und Hunderten von Kirschbäumen, die vor allem während der Blütezeit für ein faszinierendes Farbenspiel sorgen. Burkheim mit seinem historischen Stadtkern und das mittelalterliche Zentrum von Endingen laden zum Träumen und Verweilen ein. Die Strecke führt überwiegend über gut asphaltierte Radwege abseits der Straßen und in einigen Abschnitten über geschotterte Pisten, die gut zu befahren sind.

Der pittoreske Marktplatz von Endingen

etappe auf einen Blick

km 0	**Breisach**, durch Gewerbegebiet, auf Rheintal-Weg und entlang von Feldern und Wiesen nach
km 6,5	**Burkheim**, teilweise durch Rheinwald und am Rhein entlang nach Sasbach
km 13,5	**Sasbach**, weiter auf Rheintal-Weg nach
km 24	**Endingen**, Zielort erreicht

Von Breisach nach Endingen 3

tour kompakt

Tourencharakter
Höhepunkt der Tagesetappe ist Burkheim mit seiner malerischen Altstadt, der Burgruine und den zahlreichen Cafés. Nach Burkheim führt die Route durch einen ursprünglichen Wald, den Rheinwald, der der Streckenführung Abwechslung verleiht. Dann geht es ein Stück entlang des Rheins, durch zahlreiche Felder und vorbei an unzähligen Kirschbäumen. Man könnte meinen, diese Region sei der heimliche Kirschgarten des Landes.

Ausgangspunkt
Breisach.

Endpunkt
Endingen.

Anreise
Bahn: Breisach erreicht man über Freiburg Hbf.; von dort S-Bahn- und Busverbindungen. Endingen erreicht man über Bahn Riegel (DB) oder mit der Kaiserstuhlbahn.
Auto: Breisach ist über die A5 Basel–Frankfurt, Ausfahrt Riegel, Freiburg-Süd oder Bad Krozingen, erreichbar.
Parken: Parkhäuser an der Friedhofsallee und an der Straße Zum Kaiserstuhl. Endingen erreicht man über die A5 Karlsruhe–Basel, Abfahrt Riegel.

Wegmarkierung
Rheintal-Weg (weißer Radfahrer auf grünem Grund mit Schriftzug »Rheintal-Weg«), abschnittsweise Rhein-Radweg (gelber Radler auf blauem Grund mit Schriftzug »Rhein«).

Essen und Trinken
Burkheim: Staedle Café, Mittelstadt 5, Tel. 07662/94 76 97, www.staedtlecafe.de (Kaffee und Kuchen, tolle Flammkuchen); Endingen: Gasthof Engel, Hauptstr. 10, Tel. 07642/3238, www.engel-endingen.de (zentrale Lage, badische Küche und Wein von Kaiserstühler Weingütern); Gasthof Ochsen, Endinger Str. 12, Tel. 07642/3418, www.ochsen-hassler.de (eigene Metzgerei).

Übernachtung
Endingen: Hotel Adler, Endinger St.35, Tel. 07642/401 10, www.adler-baptist.de (3-Sterne-Haus mit badischer Küche); Gästehaus Rebland, Seilnachtstr. 12, Tel. 07642/18 88, www.gaestehausrebland-endingen.de

Werkstätten
Endingen: Bike & Fun, Schönenberg 2, Tel. 07642/92 17 05.

Tourist-Info
Endingen: Kaiserstühler Verkehrsbüro, Adelshof, Tel. 07642/68 99 90, Fax 07642/68 99 99, www.endingen.de

43

3 Von der Schweiz in den Schwarzwald

Von Breisach bis Burkheim

🚲

6,5 km
↓

An der Ecke Schwanenstraße, Josef-Bueb-Straße und Hafenstraße, unweit des Rheintors, ist der Startpunkt der heutigen Etappe. Direkt vor uns liegen Öltanks und rechts hinter uns das prächtige Rheintor. Wo die Schwanenstraße auf die Josef-Bueb-Straße beziehungsweise Hafenstraße trifft, ➔ fahren wir in die Hafenstraße ein. Parallel zur Hafenstraße verläuft rechts ein Radweg. Rechts passieren wir einen Autohandel mit einer Nachbildung der Freiheitsstatue. Der Weg aus Breisach hinaus führt vorbei an Kfz-Gewerben und kleinen Industrieanlagen.

An der nächsten Kreuzung, wo rechts die Krummholzstraße abgeht (dort ist auch ein Peugeot-Händler), ➔ fahren wir geradeaus auf dem Rheintal-Weg parallel zur Landstraße, obwohl auch nach links ein Weg nach Sasbach mit 13 Kilometern ausgeschildert ist. ➔ An der nächsten Kreuzung, wo es rechts Richtung Breisgau-Halle ausgeschildert ist, biegen wir links in die Burkheimer Landstraße ab.

Danach folgen wir der Straße geradeaus in die Anlieger-frei-Straße, wir fahren nicht ⚠ in die Geldermannstraße, sondern Richtung Betriebshof Regierungspräsidium Freiburg. Wir passieren rechter Hand ein Kreuz und fahren geradeaus auf einem landwirtschaftlich genutzten Weg durch Felder hindurch. Rechter Hand fallen immer wieder die sanften Hügel des Kaiserstuhls in den Blick. Schließlich kommen wir an eine Kreuzung, ➔ die wir geradeaus überqueren. Der Weg wird weiter auf dem landwirtschaftlich genutzten Weg fortgesetzt.

Er führt uns nun durch Felder und Obstwiesen hindurch sowie vorbei an Pferdekoppeln und Reitanlagen. Schließlich kommen rechter Hand die Burkheimer Kirchturmspitze und die Ruine, die auf dem Berg thront, in den Blick. Wir kommen an eine Kreuzung, ➔ überqueren diese geradeaus und fahren nach Burkheim ein. Etwas später ist rechter Hand ein Bier- und Weingarten zu finden, der zur Rast einlädt. Wir fahren nun über eine kleine Brücke über einen Bach und ➔ links in die Lazarus-von-Schwendi-Straße ein. Rechts vor der Brücke führen ein paar Stufen hinab zum Bach – hier kann man sich die Füße kühlen oder den Staub der Straße abspülen.

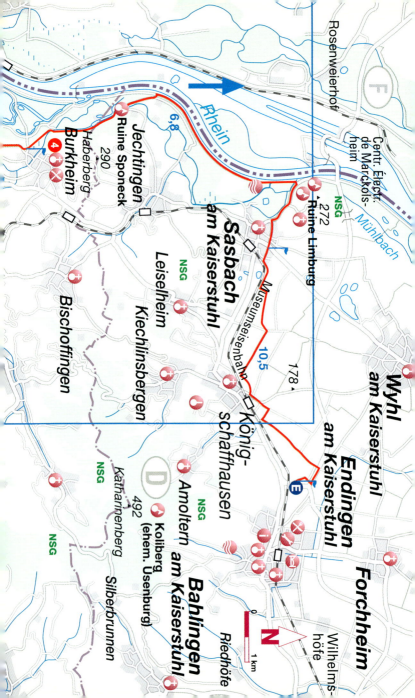

Von Breisach nach Endingen 3

› Abstecher ins historische Burkheim

200 m hin und zurück

❶ Wir lassen die Ruine zur Linken liegen, fahren rechts hoch und erreichen die sehr sehenswerte historische Mittelstadt von **Burkheim** ❹ (www.burkheim.com). Diese überrascht mit tadellos erhaltenen und liebevoll gepflegten, 600 bis 700 Jahre alten Häusern und einem prächtigen Stadttor. Überall gibt es hier auch nette Restaurants oder Cafés mit einladender Außengastronomie – manchmal wird hier der Gast auch Zeuge einer Hochzeitsgesellschaft in historischer Kulisse, wenn die Frischvermählten das Rathaus verlassen, das zwischen den Straßencafés liegt. Als Radfahrer wird man auf dem historischen Kopfsteinpflaster der Altstadt ordentlich durchgeschüttelt. Einziges Manko dieses netten Fleckchens Erde: Die Altstadt ist auch für Autofahrer freigegeben.

Beim Abstecher in die **Mittel- und Oberstadt** wird schnell deutlich, warum Burkheim zu den beliebtesten Ausflugszielen der Region gehört. Die 950-Seelen-Gemeinde, die seit dem Jahre 1975 zu Vogtsburg im Kaiserstuhl gehört, ist gleichermaßen für ihre exzellenten Weine und die prächtige historische Altstadt bekannt. Neben dem Stadttor fällt insbesondere das Rathaus mit seiner Renaissancefassade ins Auge. Stadtbildprägend sind aber auch die aufwendig restaurierten Bürger- und Fachwerkhäuser sowie die engen Gassen der mit Kopfsteinpflaster ausstaffierten Altstadt, durch die sich zweimal wöchentlich ein Nachtwächter (www.burkheimer-nachtwaechter.de) auf seinem Rundgang begleiten lässt.

Weithin sichtbares Wahrzeichen des romantischen Fleckchens zwischen der Rheinebene und dem Kaiserstuhl ist die **Burkheimer Burg**. Um das Jahr 1000 wurde hier eine erste Festung hoch oben auf einem Felsen errichtet. Zweimal wurde die Anlage im Laufe ihrer mehr als 700-jährigen Geschichte zerstört. Heute ist nur der Ostteil der Burg mit seinem liebevoll hergerichteten Schlosssaal, der gerne für Feierlichkeiten genutzt wird, betretbar. Der Weg führt bergan direkt auf die Burgruine zu. ‹

> **Tipp Empfehlenswerte Einkehr**
>
> Im Staedtle Café in Burkheims Mittelstadt gibt es neben Kaffee und Kuchen hausgemachte Flammkuchen in zehn Variationen. Es hält auch drei Ferienwohnungen für je drei bis sechs Personen vor. Auf der Terrasse hat man die herrliche Altstadt und ihr buntes Treiben perfekt im Blick.
> Staedtle Café, Mittelstadt 5, Tel. 07662/ 94 76 97, www.staedtlecafe.de

3 Von der Schweiz in den Schwarzwald

Von Burkheim bis Endingen

🚲

7 km
↓

Wir setzen die Fahrt am Fuße der Schlossruine fort und fahren über die Straße Am Schlossrain. Die Straße, der wir folgen, ist für Anlieger ausgeschildert. Hinter der Burgruine lohnt ein Blick zurück auf die selbige – und vielleicht auch ein Fotostopp. Rechter Hand fallen Weinhänge in den Blick. Der Weg setzt sich geradeaus über eine Schotterpiste fort. Wir fahren nun durch ein beschattetes Waldstück am Fuße des Kaiserstuhls, mit dem Hang zur Rechten.

Über Kopfsteinpflaster durch die Altstadt von Burkheim

ℹ️ Der sonnenverwöhnte Landstrich um den **Kaiserstuhl**, jenen erloschenen Vulkan, zählt mit seinen fruchtbaren Lössböden zu den besten deutschen Weinanbaugebieten. Zu den beliebtesten Weinen aus der Region gehören neben dem Spätburgunder der Grauburgunder und der Weiße Burgunder. Und nicht zu vergessen der Müller-Thurgau und der Silvaner. Ein Kennzeichen der Region ist zudem der alemannische Dialekt, der hier gepflegt wird.

An der nächsten Gabelung, etwa 700 Meter nachdem wir die Burg passiert haben, → fahren wir weiter geradeaus auf dem land- und forstwirtschaftlich genutzten Weg durch den Wald. Etwa 2,3 Kilometer nach dem Schloss treffen wir auf eine Straße, → biegen hier links ab, um weiter durch den Wald zu fahren. Zwischen den Bäumen funkelt immer wieder das Rheinwasser durch. Wir fahren durch einen Waldabschnitt, der zwischen einem Alt-Rhein-Arm und dem eigentlichen Rhein verläuft. Entsprechend heißt er auch Rheinwald.

Nach etwa 700 Metern gelangt der Radweg wieder an eine Gabelung: → Hier nehmen wir die linke Option. Etwa 150 Meter weiter erscheint linker Hand ein Kilometerstein. Dort ist zu er-

Von Breisach nach Endingen

kennen, dass es von hier bis Basel exakt 70 000 Meter und 754 450 Meter bis Rotterdam sind. Bald passieren wir eine weitere Staustufe mit Wehranlage. Dann gabelt sich der Weg, es geht zwar rechts nach Sasbach, → wir fahren aber weiter geradeaus, am Rhein entlang. Hier ist als nächste Stadt Marckolsheim in Frankreich angegeben.
Anschließend passieren wir rechter Hand das Bootshaus des Segel- und Rudervereins Sasbach, dann erneut eine Staustufe samt Wehr. → Nach 200 Metern macht der Weg einen Rechtsknick, führt hinunter in eine kleine Senke. Gegenüber wartet direkt der Gastronomiebetrieb »Zur Limburg« mit einer schattigen Terrasse auf durstende Radler. Nach der Senke, oben angekommen, → biegen wir rechts Richtung Sasbach ab. Der Weg setzt sich rechts neben der Straße fort. Erneut surren die Radler an ausgedehnten Weinhängen vorüber. → Unmittelbar nach dem Ortseingangsschild von Sasbach biegen wir links ab in die Limburgstraße. Hier steht auch ein Kruzifix. Es geht nun vorbei an schmucken Einfamilienhäusern durch ein Wohngebiet. Auffällig sind die liebevoll gestalteten Blumenkübel, die der Verkehrsberuhigung dienen sollen. → Wir queren schließlich die Hauptstraße und fahren weiter geradeaus in die Kaiserstuhlstraße.

Am nordwestlichen Rand des Kaiserstuhls gelegen, war **Sasbach** (www.sasbach-am-kaiserstuhl.de) mit seinen knapp 3400 Einwohnern einst ein Fischerdorf, das direkt am Rheinufer lag. Nach der großen Rheinbegradigung durch Gottfried Tulla im 19. Jahrhundert rückte Europas mächtigster Fluss einige Hundert Meter vom Ortskern weg. Heute sind an die Stelle des Fischfangs der Weinanbau und der Tourismus als wichtigste Einnahmequellen gerückt. Auf einem Ausläufer des Kaiserstuhls befinden sich die Reste der 1239 erstmals urkundlich erwähnten Burg Limburg. Ein nettes Häuserensemble erwartet die Besucher rund um den St.-Martin-Platz mit der malerischen Kirche im Hintergrund und zahlreichen bunt getünchten Häusern.

Dann geht es links in die Ankerstraße, die schließlich zur Vulkanstraße wird. → Wenn die Straße auf eine T-Kreuzung trifft, biegen wir rechts ab. Der Weg führt nun geradeaus, vorbei an

3 Von der Schweiz in den Schwarzwald

🚴 10,5 km ↓

Obstplantagen mit Kirschbäumen. Dann erscheint rechter Hand eine Kiesgrube, und die Eisenbahnlinie verläuft parallel zum Radweg. Nach 750 Metern beschreibt der Weg eine 90-Grad-Linkskurve und geht weiter durch Felder und Obstplantagen. Nach einem Kilometer treffen wir erneut auf eine T-Kreuzung, → dort halten wir uns links. Weiter geht es durch Felder und Wiesen. → Nach gut 700 Metern heißt es rechts abbiegen, nach weiteren 200 Metern geht der Weg in eine Straße über,

Radfahrer vor den Toren von Endingen

der wir geradeaus folgen. Sie heißt Gehrmatten und trifft am Ende auf eine Vorfahrtstraße. → Wir biegen links ab Richtung Endingen.

Hier müssen wir nun zunächst ein Stück auf der Bahnhofstraße entlangfahren, um dann in den Königsweg abzubiegen. Dort ist es auch Richtung Sportplatz und Kirschen-Café ausgeschildert. Nun geht es weiter über Betonplatten auf einer wenig befahrenen Nebenstraße. → Unmittelbar vor dem Fußballrasenplatz am TUS-Königsweg-Stadion biegen wir rechts ab. → Nach knapp 450 Metern geht es nach links. → Dann gibt es in den Feldern eine Wegekreuzung, die wir geradeaus überqueren. Schließlich gelangen wir wieder an eine T-Kreuzung, → wo wir rechts abbiegen. Genau vor uns liegt auch ein grün eingerahmtes Kreuz.

Nun setzt sich der Weg auf einem Radweg parallel zur Straße fort. Er beschreibt schließlich einen Rechtsbogen wieder zurück in die Felder auf einer Anliegerstraße. Nach gut 1200 Metern treffen wir wieder auf eine T-Kreuzung und → biegen links ab. → Dann überqueren wir die Landstraße geradeaus. → An der darauffolgenden T-Kreuzung im Feld biegen wir erneut links ab und → eine T-Kreuzung weiter nach rechts. → Nach etwa 650 Metern treffen wir wieder auf eine Straße und folgen dieser rechtsherum. Jetzt geht es wieder für ein Stück

Von Breisach nach Endingen

parallel zur Eisenbahnlinie. Dies ist die Straße namens Hennengärtle. Wenn diese Straße zu Ende ist und vor uns das Gebäude der SWEG liegt, → biegen wir rechts ab und überqueren die Eisenbahnschienen. Die Straße, der wir hier gefolgt sind, heißt Forchheimer Straße. → Am Ende geht es linksherum. Die Straße, in die wir nun einfahren, ist die Königschaffhauser Straße. Unmittelbar vor dem Stadttor von Endingen wird diese Straße dann zur Hauptstraße.

Das Stadttor ist 1581 gebaut worden und das letzte von vier Toren der ehemaligen Stadtmauer. Wir setzen unsere Fahrt durch das Stadttor fort und fahren weiter geradeaus die Hauptstraße hoch. Auf dem Kopfsteinpflaster werden wir mächtig durchgerüttelt, bis wir zu dem schmucken Marktplatz mit dem herrlichen Brunnen und dem Rathaus gelangen. Hier endet auch die Tagesetappe.

Hauptanziehungspunkt der Weinanbaugemeinde **Endingen** (www.endingen.de) im Norden des Kaiserstuhls ist die historische Altstadt mit dem prächtigen, von mittelalterlichen Häusern gesäumten Marktplatz. Besondere Blickfänge bilden neben dem Marienbrunnen das 400 Jahre alte Rathaus und das Königschaffhausener Tor. Derweil ist der aus dem 15. Jahrhundert stammende Üsenberger Hof die Heimat des Museums zur Geschichte Vorderösterreichs. Hintergrund ist die Tatsache, dass Endingen seit 1367 Lehen des Hauses Habsburg war und damit eine der frühesten Erwerbungen Österreichs im Breisgau darstellt. Die Ausstellung dokumentiert die Geschichte der »habsburgischen Vorlande«, die infolge der 1752 von Maria Theresia durchgeführten Verwaltungsreform unter dem Namen

> **info Störche – beliebt, fruchtbar, aber nicht immer treu**
>
> Störche sind Sympathieträger. Sie bringen den Nachwuchs, und sie sind die einzigen Großvögel, die sich freiwillig der menschlichen Zivilisation angeschlossen haben. Deshalb duldet man sie nicht nur auf Dächern, nein, man lädt sie auf zahlreichen Rathäusern wie in Endingen geradezu dazu ein, sich hier niederzulassen. Das kunstvoll verflochtene Nest aus Ästen und Gräsern ist dabei bis zu zwei Meter groß. Während man lange Zeit davon ausging, dass die Schreitvögel ihrem Partner ein Leben lang treu bleiben, ist man inzwischen eines Besseren belehrt: Sie schätzen zwar langjährige Beziehungen, aber ein kurzer Flirt oder gar ein Partnertausch kommen auch schon mal vor. Kein Wunder also, dass sich die Zahl der Störche inzwischen, nach einem dramatischen Niedergang in der Nachkriegszeit, wieder erholt hat – bei so viel Fruchtbarkeit …

3 Von der Schweiz in den Schwarzwald

»Vorderösterreich« eine eigene Provinz bildeten. Daneben nennt der staatlich anerkannte Erholungsort ein Käserei-Museum sein Eigen, ist Sitz der renommierten Deutschen Kammerschauspiele (www.deutsche-kammerschauspiele.de) und Haltepunkt der Museumsbahn Rebenbummler (www.rebenbummler.de). Und im 1527 errichteten »Alten Rathaus«, auf dem regelmäßig Störche nisten, befindet sich heute das Kaiserstühler Heimatmuseum, wo unter anderem historische Folterinstrumente ausgestellt sind.

Unten: Brunnen in Königschaffhausen

› Abstecher nach Königschaffhausen

6 km hin und zurück

Um nach Königschaffhausen zu gelangen, fahren wir vom Marktplatz wieder zurück über die Hauptstraße Richtung Stadttor. → Wir setzen den Weg geradeaus entlang der Königschaffhauser Straße fort. Diese wird schließlich zur Landstraße L113, die uns direkt nach Königschaffhausen bringt, wo sie zur Endinger Straße wird. Achtung! Hier ist nur teilweise ein Radweg vorhanden, sodass auch auf der Landstraße gefahren werden muss!

ℹ Königschaffhausen (www.endingen-koenigschaffhausen.de), das Teil von Endingen ist, steht nicht nur im Zeichen des Wein-, sondern auch des Kirschenanbaus. Dies zeigt sich u. a. in der Tatsache, dass hier ein kleines, aber feines Kirschenmuseum (www.kirschenmuseum-koenigschaffhausen.de) auf knapp 100 Quadratmetern alles Wissenswerte rund um dieses Thema anschaulich aufbereitet hat. Der Bogen spannt sich vom Anpflanzen der Bäume über die Ernte bis hin zu den vielfältigen Verwendungsmöglichkeiten des Steinobstes. In Königschaffhausen sagt man über sich selber: »Es gibt Badische und Unsimbadische« – und entsprechend gesellig zeigt sich das Dörfchen mit seinen zahlreichen Einkehrmöglichkeiten. ‹

Von Endingen nach Offenburg

Endingen – Riegel – Malterdingen – Hecklingen – Kenzingen – Herbolzheim – Grafenhausen – Wittenweier – Nonnenweier – Allmannsweier – Meißenheim – Ichenheim – Dundenheim – Müllen – Schutterwald – Offenburg

  leicht 59,5 km  146,5 km 6 Std.

Von der historischen Altstadt in Endingen geht es in die Römerstadt Riegel und nach Hecklingen mit seiner Burgruine und dem Schloss. Nach einer Reihe von beschaulichen Dörfern wie Wittenweier, Nonnenweier und Allmannsweier, die heute teil von Schwanau sind, geht es nach Dundenheim und Müllen, die sich durch Tabakanbau einen Namen gemacht haben. Via Schutterwald führt die Route schließlich zum Etappenziel Offenburg mit seinem pittoresken Marktplatz.

Römerflair am Brunnen in Riegel

etappe auf einen Blick

km 0	**Endingen**, durch Wiesen und Felder nach Riegel mit seiner kleinen Ausgrabungsstätte. Weiter über Malterdingen, Hecklingen, Kenzingen, Herbolzheim und Grafenhausen nach
km 28,5	**Wittenweier**, über Nonnenweier und Meißenheim nach
km 44,5	**Ichenheim**, weiter über Dundenheim, Müllen, Schutterwald nach
km 59,5	**Offenburg**, an dem Gebäude der Hubert Burda Media vorbei, Zielort erreicht

4 Durch das badische Weinland

tour kompakt

Tourencharakter
Während an den vorherigen Tagen der Weg auf Schotterpisten und festen Sandwegen verlief, geht es bei dieser Etappe fast ausschließlich über asphaltierte Wege abseits der Straßen. Der Ottenheimer Wald wird durchfahren, und immer wieder fällt der Blick auf den Europapark Rust.

Ausgangspunkt
Endingen.

Endpunkt
Offenburg.

Anreise
Bahn: Endingen erreicht man über die Bahn in Riegel (DB) oder mit der Kaiserstuhlbahn. Offenburg ist ICE- und IC-Haltestation.
Auto: Endingen erreicht man über die A5 Karlsruhe–Basel, Abfahrt Riegel. Offenburg liegt an der A5 (Frankfurt–Basel), an der B3 (Nord-Süd-Verbindung) und an der B33 (West-Ost-Verbindung in Richtung Bodensee). Parken: Die Tiefgarage Marktplatz hält 294 Stellplätze vor.

Wegmarkierung
Rheintal-Weg (weißer Radfahrer auf grünem Grund mit Schrift »Rheintal-Weg«).

Essen und Trinken
Kenzingen: Gaststätte Haferkasten, Franzosenst. 18, Tel. 07644/92 93 93 (Weine aus eigenem Anbau). Offenburg: Alte Pfalz Trattoria da Nico, Hauptstr. 102, Tel. 0781/970 61 35; Hotel Sonne Restaurant, Hauptstr. 94, Tel. 0781/93 21 64 6, www.hotel-sonne-offenburg.de (traditionelles Weinhaus); Sereena Palace, Lange Str. 24, Tel. 0781/968 10 71, www.sereena-palace.de

Übernachtung
Rammersweier: Hotel Rammersweier Hof, Rosenstr. 13, Tel. 0781/32780, www.rammersweier-hof.de (3-Sterne-Haus, liegt zehn Radminuten von der Offenburger City); Zeltplatz & Strandbad am Gifizsee, Platanenallee 15–17, Tel. 0781/ 203 71 87, www.gifizsee.de. Ortenberg: Jugendherberge Schloss Ortenberg, Burgweg 21, Tel. 0781/31749, http://ortenberg.jugendherberge-bw.de (in einem Schloss)

Werkstätten
Offenburg: Offenburger Fahrradmagazin, Ortenberger Str. 6–8, Tel. 0781/ 9481396. Meißenheim: Radstation Meißenheim, Kirchstr. 5, Tel. 0782/416 38.

Tourist-Info
Offenburg: Stadtmarketing Offenburg, Fischmarkt 2, Tel. 0781/82 22 17, www.offenburg.de

Von Endingen nach Offenburg 4

Von Endingen nach Malterdingen

Startpunkt dieser Etappe ist auf dem Marktplatz der Brunnen
vor dem Rathaus in Endingen. → Wir setzen den Weg geradeaus 4 km
auf der Hauptstraße fort und werden gleich zu Beginn des Tages auf dem Kopfsteinpflaster kräftig durchgeschüttelt. Nachdem wir am Ende der Hauptstraße eine Nachbildung des alten Riegeler Tors zur Rechten und das Denkmal von Hubert Bernhard zur Linken passiert haben, → kreuzen wir die Rempart- beziehungsweise Ringstraße und setzen unseren Weg über die Riegeler Straße fort. → Am nun folgenden Kreisverkehr biegen wir links in die Kenzinger Straße ab, → sofort danach wieder rechts in die Lichteneckstraße.
Dann führt uns unsere Tour hinaus aus dem Ort und durch Felder und Wiesen. Bei Tageskilometer 1,3 kommen wir an eine Wegekreuzung, → die wir geradeaus passieren. Einen Kilometer weiter kommt erneut eine Kreuzung, → die wir auch geradeaus passieren. → Bei Tageskilometer 2,75 biegen wir an der T-Kreuzung rechts ab. Unmittelbar bevor der Weg wieder auf die Straße trifft, → fahren wir auf den links daneben liegenden Radweg. → An der nächsten Möglichkeit biegen wir links in das Wohngebiet Riegel-Breite. Wir fahren nun entlang der Kaiserstuhlstraße. → Bei Tageskilometer 3,6 biegen wir rechts in die Üsenbergstraße ab. Nach 400 Metern erscheint rechts eine Ausgrabungsstätte. Hier sind die Reste eines römischen Truppenlagers zu finden, darunter der Mithras-Tempel, ein römisches Kulturdenkmal.
→ Wir biegen nun an der nächsten Möglichkeit nach dem Tempel rechts ab. An der Stelle, wo die Üsenbergstraße zu Ende ist und wir rechts abbiegen wollen, kann man auch links Richtung Bahnhof abbiegen, was ein lohnenswerter Abstecher ist. → Am Ende der Üsenbergstraße biegen wir rechts ab und nach der Bushaltestelle direkt wieder links.

i Die 3600-Seelen-Gemeinde **Riegel** (www.riegel-im-kaiserstuhl.de) ist vor allem für zwei Dinge bekannt: das gleichnamige Bier und die lang zurückreichende Geschichte römischer Besiedlung. Heute prägen Fachwerkhäuser und barocke Steingebäude das Ortsbild ebenso wie zahlreiche Funde aus der Römerzeit. Ein knapp ein Ki-

4 Durch das badische Weinland

lometer langer, archäologischer Rundweg verbindet die wichtigsten Fundstellen. Dazu gehört das Mithräum aus dem 2. Jahrhundert. 1974 konnten die Reste des Tempels, der dem Lichtgott Mithras geweiht war, freigelegt werden. Dabei wurde unter anderem tönernes Geschirr sowie ein eisernes Schwert entdeckt. Eindrucksvoll wird die römische Vergangenheit Riegels im Archäologischen Museum an der Hauptstraße dargestellt. Neben rund 300 Ausgrabungsfunden wird anhand von Schaubildern und Rekonstruktionen das Leben der Römer aufgearbeitet.

Derweil kommen Eisenbahnnostalgiker bei einer Fahrt mit dem Rebenbummler (www.rebenbummler.de) auf ihre Kosten. Der historische Dampfzug verbindet auf einer Länge von 50 Kilometern die interessantesten Plätze des Kaiserstuhls miteinander. Sehenswert ist zudem die katholische Kirche St. Martin. Die Pfarrkirche wurde zwischen 1743 und 1749 von Franz Rudhart im barocken Stil errichtet.

Landwirtschaftliche Idylle bei Malterdingen

Nach 300 Metern geht es links ab in die Kehnerstraße, wobei rechter Hand ein Kruzifix steht. → Es geht durch die Poller geradeaus hindurch (und nicht rechts in die Straße mit dem Schild »Kindergarten« hinein!). → Wenn der Weg sich gabelt, halten wir uns halb rechts vor dem grauorangefarbenen Rathaus von Riegel. Das Gebäude wurde 1784 errichtet und wird seit 1813 als Rathaus genutzt.

Nach der kleinen Stichstraße – vorbei am Rathaus – → biegen wir rechts ab in die Hauptstraße. Nun radeln wir am Archäologischen Museum der Stadt vorbei. → Wir setzen den Weg geradeaus fort und überqueren die Bahngleise und den Fluss Elz, während rechter Hand die Messmer Foundation (www.messmerfoundation.com) mit ihren Ausstellungsräumen in den Blick kommt. → Unmittelbar nach der Brücke müssen wir halb

2 km ↓

Von Endingen nach Offenburg 4

links den Weg auf der linken Seite nehmen und unter der Straße hindurchfahren. Wir setzen unsere Tour auf dem Radweg parallel zur Bahnhofstraße geradeaus fort. Der Weg ist nun asphaltiert. Wir unterqueren die Autobahn A5. Kurz danach endet der Radweg und wir müssen ein Stück auf der Bahnhofstraße fahren. Wir kommen direkt an den Bahnhof, → vor dem wir rechts in die Elzstraße abbiegen. Dann müssen wir an der Ampel halten und durch den Tunnel unter den Bahngleisen hindurchfahren. Auf der anderen Seite des Tunnels ist dann ein Gewerbegebiet, das bereits zu Malterdingen gehört, erreicht. → An der nächsten T-Kreuzung biegen wir links ab. → Direkt hinter dem Firmengelände der Firma Berran, an der nächsten Kreuzung, geht es ebenfalls wieder rechts. Dort ist wieder ein Radweg parallel zur Straße angelegt. Nun passieren wir eine Reihe von Sportplätzen und fahren über eine Brücke bis Malterdingen.

> **Tipp Offene Weinproben**
>
> Von März bis Dezember öffnet eine Reihe von Weinbaubetrieben in und um Offenburg an den festgelegten Terminen, freitags ab 18 Uhr, ihre Weinkeller und Probierstuben. Hier kann man in gemütlicher Atmosphäre die exzellenten Weine und Sekte probieren. Die Kosten für die umfangreiche Weinprobe betragen 8 Euro pro Person.
> Termine: www.offenburg.de

› Abstecher ins Ortszentrum von Malterdingen

Wir setzen den Weg über die Hauptstraße von Malterdingen (www.malterdingen.de) fort. Hier befinden sich verschiedene Geschäfte. → Wenn die Straße nach links Richtung Freiamt abknickt, fahren wir weiter geradeaus vorbei an einem Brunnen. Schließlich durchfahren wir das Torhäusle von 1567, das die Straße überspannt. → Direkt danach gabelt sich die Straße, und wir halten uns links. Eben noch im Ort, ist man mit einem Pedaltritt schon im Grünen – linker Hand erscheint nun ein nett angelegtes Kneipp-Becken, das müde Venen wieder auf Trab bringt. ‹

2,5 km hin und zurück

Von Malterdingen nach Herbolzheim

Wer nicht ins Ortszentrum von Malterdingen hinein möchte, fährt nach Erreichen des Ortseingangs ein kleines Stück gera-

4 Durch das badische Weinland

4,5 km

deaus und ➜ dann an der zweiten Möglichkeit, nachdem wir von der Brücke herunter sind, links in den Lindenweg und ➜ sofort wieder scharf links in die Hecklinger Straße. Achtung! An dieser Stelle fehlt ein Radwegweiser! Nun verläuft der Radweg ein kleines Stück parallel zur Bundesstraße B3. Etwa 700 Meter nach der Brücke verläuft der Radweg wieder von der Bundesstraße weg. Vor uns fallen Weinhänge und eine Burgruine in den Blick. Und nach einem weiteren Kilometer erreichen wir über die Dorfstraße die Ortschaft Hecklingen, die seit 1974 Stadtteil von Kenzingen ist.

Rechts ist ein Kruzifix zu sehen. Linker Hand passieren wir das historische Rathaus von Hecklingen. Dieses wurde 1847 fertiggestellt. Die Ruine, die wir sehen, ist Burg Lichteneck. 1290 erstmals urkundlich erwähnt, war sie Residenz der Pfalzgrafen Tübingen-Lichteneck. Unterhalb des Felssporns, auf dem die Reste der mittelalterlichen Festung thronen, liegt das ehemalige Schloss Hecklingen. Das gut 250 Jahre alte Herrenhaus wird heute von der Vereinsgemeinschaft Hecklingen genutzt.

Die Straße, die durch Hecklingen führt, ist die Dorfstraße. ➜ Am Ortsausgang halten wir uns rechts auf dem Radweg neben der Straße. Er ist zugleich der Breisgau-Radweg, der mit »Br« gekennzeichnet ist. Nach Hecklingen verläuft der Weg wieder auf einem Radweg neben der Straße und ist durch einen Grünstreifen von der Fahrbahn getrennt. ➜ Schließlich biegen wir an der ersten Möglichkeit rechts ab. Bis ins Wonnetal sind es von hier 1,6 Kilometer. Nun geht es weiter auf einer landwirtschaftlichen Nutzstraße, der Alten Straße, die von der Bundesstraße wegführt. ➜ Nach 1300 Metern kommen wir an eine Kreuzung, dort geht es links die Elzstraße noch ca. 1,4 Kilometer bis nach Kenzingen. Wir fahren weiter geradeaus. Dann ist Kenzingen erreicht.

i Die 9200-Seelen-Gemeinde **Kenzingen** (www.kenzingen.de) darf sich rühmen, gleich mit einer Reihe historisch bedeutsamer Gebäude aufwarten zu können. Dazu gehört das 1520 errichtete und nach dem Zweiten Weltkrieg wieder aufgebaute (sowie erweiterte) Rathaus, aber auch das prächtige Schwabentor. Weithin sichtbar ist die St.-Laurentius-Kirche als ältestes erhaltenes Gebäude der Stadt. Die Geschichte des Gotteshauses reicht bis in das 13. Jahrhundert

Von Endingen nach Offenburg 4

zurück. Derweil widmet sich die Oberrheinische Narrenschau als Museum dem Fastnachtsbrauch im schwäbisch-alemannischen Raum. Gezeigt werden rund 300 Kostüme und kunstvoll geschnitzte Masken, Larven genannt.

Bei der abknickenden Vorfahrt in Kenzingen setzen wir unseren Weg geradeaus fort. Die Straße, die wir entlangfahren, heißt weiterhin Alte Straße. → Wenn die Alte Straße auf die Bombacher Straße trifft, überqueren wir diese geradeaus. Sie heißt nun Schützenstraße. Es geht durch ein Wohngebiet und vorbei an einer Winzergenossenschaft. Gemeinsames Kennzeichen der meisten Wohnhäuser in dieser Gegend sind die prächtigen Rosenbüsche in allen Farben, die hier offensichtlich hervorragende Voraussetzungen zum Gedeihen finden. → Am Ende der Schützenstraße biegen wir rechts ab in die Offenburger Straße (B3), linker Hand liegt ein Restaurant, rechter Hand eine Tankstelle.

> **info Strata regia**
>
> Bereits die alten Römer haben die alte Straße zwischen Kenzingen und Hecklingen benutzt. Im Mittelalter ist sie als »Strata regia«, königliche Straße, in verschiedenen Urkunden erwähnt. Gemäß einem historischen Atlas war diese Straße eine wichtige Handelsstraße, die von Basel nach Frankfurt führte und eine Länge von 337 Kilometern hatte. Der Weg ist nun wieder gesäumt von zahlreichen Feldern und Obstplantagen mit Kirsch-, Apfel- und Birnbäumen.

4 km
↓

Nachdem wir rechts außerdem ein Kriegsdenkmal passiert haben, → überqueren wir die Straße, → um unmittelbar vor dem Ortsausgangsschild links in einen kleinen Schotterweg abzubiegen. An der ersten sowie der zweiten Gabelung, die nun folgt, → halten wir uns geradeaus (fahren also nicht links!). Nach einem kurzen Schotterstück geht der Weg wieder in Asphalt über. Vor uns erscheint erneut eine Kirche mit einem Zwiebelturm im Blickfeld. → Wenn wir auf eine T-Kreuzung treffen, biegen wir links ab, → nach etwa 500 Metern dann rechts.

Wo wir das Feld verlassen, folgen wir dem Verlauf des Weges, → um die Südendstraße zu überqueren. Der Weg macht zunächst einen Linksknick und führt dann über eine Verkehrsinsel auf den gegenüberliegenden Radweg, → wo wir unseren Weg entlang der Moltkestraße geradeaus fortsetzen. Der Weg führt uns nun weiter auf Herbolzheim zu. Nachdem wir eine

4 Durch das badische Weinland

Brücke passiert haben, ist Herbolzheim erreicht. Die Straße, über die wir fahren, ist weiterhin die Moltkestraße. Der Weg setzt sich geradeaus fort, bis zum Bahnhof sind es ab hier 1,2 Kilometer.

› Abstecher in die Ortsmitte von Herbolzheim

2 km hin und zurück

Alternativ bietet sich von hier auch ein Abstecher zur Ortsmitte an, → es geht dann rechts ab an der ersten Kreuzung, nachdem wir die Brücke passiert haben, über die Kaiserstuhlstraße. Das Ortszentrum ist dann nach etwa einem Kilometer erreicht – wobei der Kirchturm den Weg weist. → Schließlich biegen wir rechts in die Ringstraße ab und an deren Ende links in die Hauptstraße.

i Rund 10 000 Einwohner sind in **Herbolzheim** (www.herbolzheim.de) am westlichen Rand des mittleren Schwarzwalds zu Hause. Die Kleinstadt verfügt über eine Reihe sehenswerter Fachwerkhäuser. In der früheren Margarethenkapelle bereitet das Stadtmuseum die Geschichte von Herbolzheim auf, das wie viele Städte der Region lange Jahre zu Vorderösterreich gehörte. Etwas oberhalb des Ortsteils Bleichheim erhebt sich knapp 380 Meter über dem Meeresspiegel die Ruine der Kirnburg, deren älteste Teile aus dem 12. Jahrhundert stammen. Zu den wenigen Dingen, die sonst noch ins Auge fallen, zählt das historische Rathaus. Im Kontrast dazu steht der moderne, direkt angrenzende Marktplatz. ‹

Brunnen und historisches Rathaus in Herbolzheim

Von Herbolzheim nach Allmannsweier

Wer nicht in die Ortsmitte fahren möchte, setzt den Weg in Herbolzheim an der Ecke Moltkestraße und Kaiserstuhlstraße fort. Wir folgen der Moltkestraße weiter geradeaus. Linker Hand passieren wir die Breisgauhalle. → Nach 800 Metern biegen wir links in die Hebelstraße ab. Dort ist auch der Weg Richtung Bahnhof als Fußweg ausgeschildert. → Nach gut 200 Metern biegen wir dann rechts über die Brücke ab. Wir fahren an einem

Von Endingen nach Offenburg 4

Teil des Bahnhofs vorbei. Wenn der Parkplatz zu Ende ist, → biegen wir links ab Richtung Bahnhof. Dort müssen wir erneut links die Treppen der Bahnhofsunterführung nehmen. Es gibt aber eine Schiebespur für die Fahrräder.

13 km

Wenn wir auf der anderen Seite die Treppen wieder hochgegangen sind, → fahren wir links die Straße hinunter. Wir passieren nun eine Ecke mit zahlreichen Supermärkten. → Direkt nach dem Aldi-Markt geht es nicht links der abknickenden Vorfahrt hinterher, sondern immer noch geradeaus auf dem Seeweg, der als Sackgasse ausgeschildert ist. Am Ende der Sackgasse treffen wir auf einen Kreisverkehr, → überqueren die Straße, → um dann rechts auf dem Radweg Richtung Malberg weiterzufahren.

Linker Hand passieren wir nun einen Fußballplatz. Kurz hinter dem Ortsausgangsschild von Herbolzheim läuft der Weg von der Straße wieder etwas weg. → An der nächsten Gabelung halten wir uns halb links. Die Idylle aus Feldern, Wiesen und Bauernhöfen wird nun etwas unterbrochen durch die rund drei Kilometer nach Herbolzheim in den Blick kommende Autobahn. Auf diesem Streckenabschnitt wird der Weg links und rechts von riesigen Spargelfeldern flankiert. → Wenn der Weg auf eine Kreuzung trifft, biegen wir links ab und fahren auf einen Autorasthof zu. Welcher Kontrast: Dicke Brummis samt öltriefender Kraftfahrer und naturliebende Radfahrer treffen hier aufeinander. Wenn rechter Hand der Autohof liegt und wir auf eine Straße treffen, ist Vorsicht geboten, denn die Radschilder des Rheintal-Weges sind hier leicht zu übersehen beziehungsweise misszuverstehen. → Wir müssen die Straße hier queren und geradeaus in den schmalen Weg zwischen zwei Bäumen und weiter über den Feldweg fahren.

> **info Radeln in Baden-Württemberg**
>
> Baden-Württemberg verfügt über ein Radwegenetz von insgesamt 35 751 Kilometern. Davon verlaufen insgesamt 4245 auf den sogenannten Landesradfernwegen. Zu den beliebtesten Radfernwegen des Bundeslandes zählen der Rhein-Radweg, der Rheintal-Weg sowie die Velo-Route Rhein.

Nun kommen wir an eine kleine Kreuzung. → Dort biegen wir links ab, um über die Autobahn A5 Basel–Karlsruhe zu fahren. Während linker Hand die Achterbahnen des Europaparks Rust in den Blick kommen, folgen wir der Sportplatzstraße. → Einen

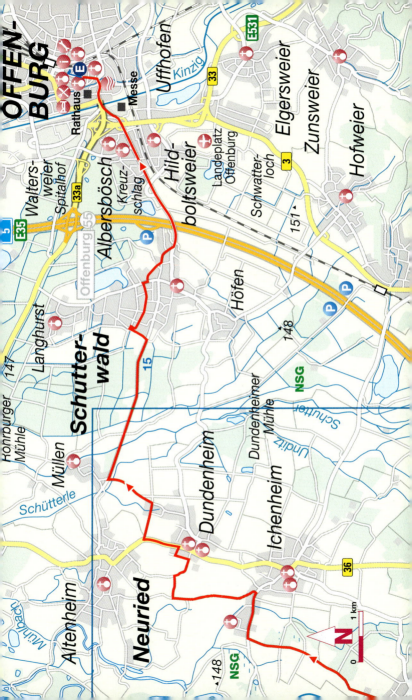

4 Durch das badische Weinland

Kilometer später biegen wir rechts an der Kreuzung in die Fabrikstraße ab. Der Weg führt uns nun geradeaus nach Grafenhausen. Linker Hand passieren wir ein Schützenhaus. Die Fabrikstraße führt uns durch ein Wohngebiet. Dort, wo wir auf die Hauptstraße treffen, liegen auch ein kleiner Kiosk und eine Grillstation namens »Anselm«.

➜ Wir biegen rechts ab und dann links in die Friedrichstraße. Wir lassen Grafenhausen hinter uns und setzen die Radfahrt weiter geradeaus auf einer asphaltierten Straße zwischen Feldern und Wiesen fort. ➜ Wenn der Weg auf eine T-Kreuzung trifft, biegen wir links ab Richtung Wittenweier. ➜ Nach 600 Metern treffen wir erneut auf eine T-Kreuzung, an der wir nun rechts abbiegen. ➜ An der nächsten Gabelung biegen wir wieder links ab. ➜ Wenn wir auf eine Straße treffen, biegen wir links ab und ➜ nach etwa 150 Metern sofort wieder rechts auf einen Weg, der erneut zwischen Feldern hindurchführt. Nach zehn Kilometern haben wir Wittenweier erreicht, ➜ wo wir links in die Hauptstraße abbiegen, sobald wir an die T-Kreuzung kommen.

ℹ Seit 1972 Teil der Gemeinde Schwanau (www.schwanau.de), reicht **Wittenweiers** dokumentierte Geschichte mehr als 740 Jahre zurück. Traurige Berühmtheit erfuhr das Dorf während des Dreißigjährigen Krieges, als es hier am 9. August 1638 zu einer verheerenden Schlacht zwischen den Mannen von Bernhard von Weimar und den kaiserlichen Truppen unter Graf Götz kam, bei der 12 000 Menschen ihr Leben ließen. Bis zur Rhein-Regulierung durch Tulla in den Jahren nach 1840 floss Europas mächtigster Fluss direkt durch das 650-Seelen-Nest, wo es sogar eine Schiffsanlegestelle gab. Heute ist der Ort für seine Spargelfelder und eine Reihe von Obstbrennereien bekannt und profitiert vor allem von der Nähe zum Europapark Rust, der viele Übernachtungsgäste bringt. Wittenweier ist im wahrsten Sinne des Wortes ausgezeichnet. Im Jahr 2003 gewann es den Titel »Schönstes Dorf« in der Ortenau und belegte den zweiten Platz im Landeswettbewerb.

Wir biegen rechts ab in die Jahnstraße – dort an der Ecke liegt auch eine Landbäckerei. Nach einer kleinen Linkskurve biegen wir nach 50 Metern rechts ab und folgen weiter der Jahnstraße

Von Endingen nach Offenburg 4

Richtung Nonnenweier. Die Jahnstraße geht schließlich am Ortsende wieder in einen landwirtschaftlichen Weg über, der ebenfalls asphaltiert ist. Hier setzen wir unseren Weg geradeaus fort. Linker Hand liegt nun eine Hühnerfarm – mit einem Eier-Automaten! Bei Kilometer 12 macht der Feldweg eine Rechtskurve und direkt links liegt dann eine Gedenktafel zur Schlacht von Wittenweier vom 9. August 1638.
Der Weg schlängelt sich nun im Zickzackkurs durch Felder und Wiesen, wobei Nonnenweier mit dem markanten Kirchturm in den Blick kommt. Der Weg endet schließlich an der Nonnenweierer Hauptstraße, die wir überqueren, → um schräg gegenüber halb rechts in den Niederendweg abzubiegen.

4 km

i Als eines der ältesten Rieddörfer in Baden kann **Nonnenweier**, das Teil der Gemeinde Schwanau (www.schwanau.de) ist, gleich mit einer ganzen Reihe sehenswerter Fachwerkhäuser aufwarten. Ansonsten geht es in dem erstmals im Jahr 845 urkundlich erwähnten Dorf eher beschaulich zu. Zu den wenigen Landmarken gehört ein 1750 errichtetes Sommerschloss im französischen Stil, das heute als evangelisches Diakonissenhaus genutzt wird. Hier sind unter anderem ein Altenpflegeheim mit betreutem Wohnen sowie eine Fachschule für Sozialpädagogik und eine Fachschule für Altenpflege untergebracht.

Nun geht es über eine Brücke und von dort leicht hinunter. → Kurz bevor der Weg auf die Straße trifft, biegen wir rechts auf den Radweg ab, der parallel zur Straße verläuft. Linker Hand kommt nun das Stammwerk der Herrenknecht AG, des weltweit größten Herstellers von Tunnelvortriebsmaschinen, in den Blick. → Hinter der Anlage von Herrenknecht biegen wir an der ersten Möglichkeit links ab, → um dann nach etwa 40 Metern in den Waldweg einzufahren. Das Gewerbegebiet geht nun in ein Wohngebiet über. Vor uns erscheint halb rechts der Zwiebelturm der Kirche von Allmannsweier (www.allmannsweier.de).

2,5 km

i Geprägt wird das Bild des 1400 Einwohner zählenden Dorfes, das heute ebenfalls Teil der Gemeinde Schwanau (www.schwanau.de) ist, durch eine Reihe historischer Gehöfte und Fachwerkhäu-

4 Durch das badische Weinland

ser. Weithin sichtbares Wahrzeichen ist die im Jahr 1783 fertiggestellte evangelische Pfarrkirche mit dem doppelten Schieferkuppelturm. Im Inneren des Gotteshauses sorgt eine wertvolle Orgel von Blasius Schaxel für den musikalischen Rahmen der Gottesdienste und bei Konzertveranstaltungen.

Von Allmannsweier nach Offenburg

Der Waldweg trifft schließlich auf eine Vorfahrtstraße, die Stubenstraße. Wir setzen unseren Weg geradeaus fort. Links und rechts prägen schöne Fachwerkhäuser das Stadtbild. Wir kommen an die Allmannsweier Hauptstraße: → Diese müssen wir überqueren, → um geradeaus in die Kürzeller Straße zu fahren. Rechter Hand kommt die Kirche mit ihrem schönen Zwiebelturm in den Blick.

6 km

Es geht weiter auf der Kürzeller Straße. Nach ca. 700 Metern ist der Ortsausgang von Allmannsweier erreicht. Linker Hand fällt eine Kapelle ins Auge. → Am Ende des Weges, wenn dieser auf die Hauptstraße trifft, biegen wir links ab in einen geschotterten landwirtschaftlichen Nutzweg. → An der ersten Möglichkeit biegen wir direkt rechts vor dem Wald ab. Nun führt der Weg direkt durch den Ottenheimer Wald. → Wenn wir auf eine Kreuzung im Wald treffen, setzen wir unseren Weg geradeaus fort. → 1300 Meter später treffen wir wieder auf eine Straße, biegen links ab und nutzen den Radweg links neben der Straße, nachdem wir eine Schranke passiert haben. Nach knapp 300 Metern steht zwischen dem Radweg und der Straße eine kleine Schutzhütte mit Sitzgelegenheit, die sich für eine kleine Rast anbietet.

Bald ist Meißenheim erreicht und der Weg führt parallel zur Straße auf einem etwas abseits gelegenen Radweg. → Wir setzen unseren Weg über die Lahrer Straße fort, → überqueren die Hauptstraße, → um dann an der nächsten Straße rechts abzubiegen in die Friedrichstraße.

Oben: Fachwerkidylle in Allmannsweier

Von Endingen nach Offenburg 4

🛈 Bekannt ist das Rieddorf **Meißenheim** (www.meissenheim.de) vor allem durch Friederike Brion. Die Jugendliebe von Johann Wolfgang von Goethe fand hier 1813 auf dem kleinen Friedhof an der Rückseite der evangelischen Auferstehungskirche ihre letzte Ruhestätte. Die Inschrift ihres Grabsteins lautet: »Ein Strahl der Dichtersonne fiel auf sie so reich, daß er Unsterblichkeit ihr lieh!« Rückblickend betrachtet lässt die Dichtersonne auch heute noch Meißenheim von der Liebe der aus dem Elsass stammenden Pfarrerstochter zu Goethe profitieren. Denn nicht wenige kommen hierher, um dem Grab einen Besuch abzustatten.

Das gut 250 Jahre alte Gotteshaus im barocken Stil weist als Besonderheit eine Orgel des berühmten Straßburger Orgelbaumeisters Johann Andreas Silbermann auf. Derweil lädt der nördlich der Kleinstadt gelegene Baggersee dank seiner guten Wasserqualität und den Strandabschnitten zu einer Erholungspause ein – und dies nicht nur für müde Radlerbeine.

Das Brion-Grab in Meißenheim

An der nächsten Möglichkeit geht es rechts über die Rathausstraße auf die katholische Kirche zu. → Vor der Kirche biegen wir links ab in die Altrheinstraße → und nehmen dann den rechten der beiden Wege, die Winkelstraße. Vorbei am Bauhof der Gemeinde Meißenheim geht der Weg wieder hinaus aus dem Dörfchen über eine betonierte Straße. Nach etwa einem Kilometer wechselt der Untergrund von den Betonplatten zu einer befestigten Schotterpiste. → Wo wir an eine Kreuzung kommen, setzen wir den Weg geradeaus fort. Knapp 500 Meter weiter treffen wir erneut auf eine Kreuzung. Linker Hand liegt eine Scheune. → Auch hier fahren wir geradeaus weiter. → Sobald der landwirtschaftliche Forstweg auf eine Straße trifft, überqueren wir diese, → um dann rechts auf den Radweg neben der Rheinstraße abzubiegen. Hier steht zugleich das Ortseingangsschild von Ichenheim.

8 km

Am Howeg biegen wir links ab. Nach 150 Metern ist dann das Ortsausgangsschild passiert. Es geht weiter auf einer asphaltierten Straße zwischen Feldern Richtung Dundenheim. → Nach etwa 1,7 Kilometern kommt rechts ein Abzweig, dem

4 Durch das badische Weinland

wir folgen, um Richtung Dundenheim zu fahren. Geradeaus erscheint die Kirche von Neuried – dort fahren wir aber nicht hin ⚠. Kleine Orientierungshilfe: Dundenheim liegt die ganze Zeit parallel rechts zum Weg. Nachdem wir fast am Ort vorbei sind, kommt erst dieser Einknick nach rechts. (Und noch ein Hinweis: An der Stelle, wo man rechts abbiegen muss, fehlt ein Hinweisschild. Der Pfeiler ist aber noch vorhanden.) → Nach 450 Metern treffen wir auf ein T-Stück, wo wir rechts abbiegen. → Nach 200 Metern geht es links in die Friedhofstraße. Vor uns erscheint nun linker Hand die Mauer des Friedhofs und geradeaus sind die beiden Kirchtürme von Dundenheim zu sehen, das nach etwa 300 Metern erreicht ist.

i Rund 720 Jahre jung, gehört das Dörfchen **Dundenheim** seit 1973 zur Gemeinde Neuried (www.neuried.de). Weniger als eine Handvoll Betriebe gehen heute noch der Landwirtschaft nach, wobei das Gros sich dem Tabakanbau verschrieben hat. Zu den Blickfängen des Straßendorfes gehören einige gut erhaltene Riedbauernhäuser, die teilweise bis zu 450 Jahre alt sind.

3 km ↓

Hinter dem Friedhof biegen wir an der ersten Möglichkeit links ab in die Raiffeisenstraße, → nach 250 Metern rechts in die Hansjakobstraße. Bevor wir wieder auf die Hauptstraße treffen, → biegen wir wieder links ab, um den daneben liegenden Radweg zu nutzen. → Am Kreisverkehr geht es nun an der ersten Möglichkeit rechts ab Richtung Müllen auf dem parallel verlaufenden Radweg. Wir kommen nun wieder in einen Teil von Dundenheim und müssen ein Stück entlang der Straße fahren. Linker Hand passieren wir einen Wertstoff- und Recyclinghof. Die Straße ist der Altenheimer Weg. → Dort, wo dieser einen Linksknick macht, folgen wir diesem, allerdings auf dem rechts daneben liegenden Radweg.
Wir rollen schließlich auf Müllen zu. Der Radweg macht einen leichten Schlenker. → Mithilfe der Querungshilfe überqueren wir die Hauptstraße und → fahren dann rechts entlang des Waldrandes weiter – und nicht geradeaus nach Müllen hinein!

i Wie das benachbarte Dundenheim ist **Müllen** heute Teil von Neuried (www.neuried.de) und ebenso vorwiegend landwirtschaft-

Von Endingen nach Offenburg 4

lich geprägt, auch wenn Tabakanbau und Milcherzeugung mittlerweile eher eine untergeordnete Rolle spielen. Einziger nennenswerter Blickfang ist die 1741 errichtete Pfarrkirche St. Ulrich.

Von Müllen aus führt der Weg parallel zur Landstraße auf einem Radweg, der durch einen Grünstreifen von der Straße getrennt ist, weiter. Wir erreichen schließlich Schutterwald und setzen unsere Fahrt geradeaus auf einem Rad- und Fußgängerweg fort. → Wir treffen auf die Schutterstraße. Rechter Hand ist ein Kreisverkehr, → an dem wir links abbiegen. Linker Hand liegen Sportplätze. Achtung! Hier fehlen Schilder! Wir folgen für 500 Meter der Schutterstraße, → biegen dann rechts ab in die Waldstraße. Sie führt uns durch ein Wohngebiet mit Einfamilienhäusern. Wo sie auf die Bahnhofstraße trifft, → fahren wir rechts. An der Bahnhofstraße verläuft rechter Hand ein kombinierter Fuß- und Radweg.

8,5 km

Nach 270 Metern biegen wir links in den Friedhofweg ab. → Wir überqueren die Straße Tiefkellerweg und → fahren halb links gegenüber in den Rehweg. Wo wir schließlich auf die Hindenburgstraße treffen, → biegen wir links ab und folgen dem Radweg parallel zur Straße. → Sobald wir auf die Hauptstraße treffen, biegen wir links ab und fahren auf dem Radweg neben der Straße weiter. Der Weg führt uns nun auf eine Brücke, über die Autobahn hinweg. Vor uns erscheint bereits das Panorama von Offenburg, die Autobahn, die wir überquert haben, ist wieder mal die A5. Schließlich erreichen wir den Ortseingang von Offenburg. Achtung! Kurz vor dem Ortseingangsschild gibt es eine Rheintal-Weg-Variante, die rechts abgeht nach Lahr. Dort biegen wir nicht ab, sondern fahren geradeaus in die Innenstadt von Offenburg!

Wir passieren rechter Hand einen Sportplatz und fahren weiter geradeaus auf dem Radweg neben der Schutterwälder Straße. → An der Ampel Schutterwälder Straße/Ecke Drosselweg setzen wir unseren Weg geradeaus über den Radweg fort, → überqueren den Kreisverkehr, wo rechter Hand ein Norma-Einkaufszentrum liegt, weiter geradeaus auf der Schutterwälder Straße unter der Brücke hindurch. → Am nächsten Kreisverkehr fahren wir geradeaus, überqueren die Platanenallee, → fahren um den Kreisverkehr herum und → setzen den Weg

4 Durch das badische Weinland

Das Rathaus von Offenburg

parallel zur Schutterwälder Straße fort (das ist quasi die dritte Ausfahrt des Kreisverkehrs).

Wir folgen der Straße rechtsherum, leicht ansteigend. Zur Rechten liegen die Gebäude der Hubert Burda Media. Hier liegt auch die Oberrheinhalle. → Wir überqueren einen Fluss, die Kinzig. Rechts liegt weiter das Burda-Gebäude; wir fahren weiter geradeaus Richtung Stadtzentrum. → An der nächsten Ampel überqueren wir die Kronenstraße und folgen der Hauptstraße, passieren nun rechter Hand das Forum, → dann queren wir einen weiteren Fluss, → biegen an der Ampel halb links ab und folgen der Hauptstraße. Sie führt uns an den Beginn der Fußgängerzone und zum pittoresken Marktplatz. Am Marktplatz liegt linker Hand die Polizeistation, vor uns ist eine große Säule zu sehen. An der Säule am Marktplatz endet diese Etappe.

Von Offenburg nach Bühl

Offenburg – Rammersweier – Appenweier – Erlach – Ulm – Önsbach – Gamshurst – Unzhurst – Zell – Bühl

  mittel 43,5 km 190 km 4,5 Std.

Die Ausläufer des Schwarzwaldes und der nahe gelegenen Vogesen sind während dieses Streckenabschnitts (fast) ständige Begleiter. Die Strecke führt über land- und forstwirtschaftliche Nutzwege mit asphaltiertem Untergrund. Wie in Rammersweier warten römische Ausgrabungen darauf, entdeckt zu werden. Zwischen Feldern, Wiesen und Obstplantagen gilt es den einen oder anderen Anstieg zu meistern, während zahlreiche kleinere Ortschaften durchfahren werden. Doch für den geflossenen Schweiß folgt nach jedem Anstieg die Belohnung in Form von herrlichen Panoramablicken.

Unterwegs in Önsbach

etappe auf einen Blick

km 0	Offenburg, über Rammersweier und Ebersweier, das »Kirschendorf im Durbachtal«, nach
km 11,5	Appenweier, weiter über Erlach und Ulm nach
km 21,5	Önsbach, von hier via Gamshurst, Unzhurst und Zell nach
km 43,5	Bühl, Zielort erreicht

5 Durch das badische Weinland

tour kompakt

Tourencharakter
Alles, was aus der Erde wächst und reich an Vitaminen ist, wird Ihnen auf dieser Tour begegnen. Kirsch- und Apfelbäume säumen die Wege und kleine Steigungen mit Panoramen auf die grün-hügeligen Landschaften erfreuen den Radfahrer. Surrende Abfahrten vorbei an Erdbeerfeldern stehen bevor, aus denen immer mal wieder das Kirchtürmchen des nächsten Ortes blitzt. Genießen Sie den Blick auf den Schwarzwald und die Vogesen.

Ausgangspunkt
Offenburg.

Endpunkt
Bühl.

Anreise
Bahn: Offenburg ist ICE- und IC-Haltestation. Bühl ist Station an der Rheintalstrecke, ICE- und IC-Halt ist in Baden-Baden.
Auto: Offenburg liegt an der A5 (Frankfurt–Basel), der B3 (Nord-Süd-Verbindung) und der B33 (West-Ost-Verbindung in Richtung Bodensee). Bühl liegt an der A5 Karlsruhe–Basel, Ausfahrt Bühl, B 3. Parken: u. a. möglich am Parkdeck Johannesplatz sowie am Kulturzentrum.

Wegmarkierung
Rheintal-Weg (weißer Radfahrer auf grünem Grund mit Schriftzug »Rheintal-Weg«).

Essen und Trinken
Gamshurst: Gasthaus Zum Hirsch, Lange Str. 131, Tel. 07841/212 40. Bühl: Die Grüne Bettlad, Blumenstr. 4, Tel. 07223/931 30; Feurer's Bauernstüble zum Rindfuß, Hauptstr. 26, Tel. 07223/242 04

Übernachtung
Bühl: Die grüne Bettlad, Blumenstr. 4, Tel. 07223/931 30, www.gruenebettlad.de (schmuckes Fachwerkhaus); Sternen Hotel-Restaurant, Hauptstr. 32, Tel. 07223/98650, www.sternen-buehl.de (im Herzen der Stadt, badische Küche); Campingplatz Adam, Campingstr. 1, Tel. 07223/231 94, www.campingplatz-adam.de

Werkstätten
Offenburg: Offenburger Fahrradmagazin, Ortenberger Str. 6–8, Tel. 0781/9481396. Bühl: Zweirad-Center Weiss, Industriestr. 10, Tel. 07223/241 90.

Tourist-Info
Bühl: Tourist-Information Bühl, Hauptstr. 92, Tel. 07223/93 53 32, www.buehl.de

5 Von Offenburg nach Bühl

Von Offenburg nach Appenweier

🅸 Als »Tor zum Schwarzwald« weist **Offenburg** (www.offenburg.de) insbesondere in der Altstadt eine Reihe historischer Gebäude auf. So den barocken **Königshof** (A) von 1717, der heute die Polizeidirektion beheimatet. Kaum minder sehenswert sind die Barockfassaden des **Hotels Sonne** (B) und des historischen **Rathauses** (C) von 1741. Die Ursulasäule vor dem repräsentativen Verwaltungssitz ist der Schutzpatronin der Stadt gewidmet. Derweil wird der nahe gelegene **Fischmarkt** (D) mit dem markanten Löwenbrunnen von 1599 von der Hirschapotheke (1898) und dem Salzhaus (1786) gesäumt.

Ebenso interessant mutet das **Ritterhaus** (E) an. Im Jahr 1784 als Herrenhaus erbaut, beherbergt es heute das Stadtarchiv sowie das Museum im Ritterhaus (www.museum-offenburg.de). Zu sehen sind hier Mineralien, Erze und Gesteine, wertvolle Ausgrabungsstücke, beeindruckende Zeugnisse aus früheren Jahrhunderten und viel Wissenswertes aus der Geschichte der Stadt.

Im städtischen **Lapidarium**, bestehend aus dem Vinzentiusgarten und dem Gewölbekeller im Vinzentiushaus, ist nun die Sammlung von Steindenkmälern, Grenzsteinen und Skulpturen untergebracht.

Die neugotische Stadtkirche in Offenburg

Eine weitere Besonderheit innerhalb der Stadtgrenzen der 59 000-Einwohner-Gemeinde, die vor allem als Sitz der Hubert Burda Mediengruppe bundesweit bekannt ist, bildet das **Jüdische Bad,** das Mikwe. Es ist eines von nur fünf erhaltenen aus dem Mittelalter im Rheingebiet und nimmt mit seinen Stilelementen in baulicher Hinsicht eine Sonderstellung ein.

Wir fahren in Richtung Fußgängerzone weiter. Die Fußgängerzone ist mit Kopfsteinpflaster bestückt. Es verkehren hier auch Linienbusse, sodass etwas Vorsicht geboten ist. → Nach 370 Metern biegen wir rechts in die Gustav-Ree-Anlage ab. Linker

Von Offenburg nach Bühl 5

2 km
↓

Hand sehen wir die markante Kirche von Offenburg. Wir folgen der Gustav-Ree-Anlage, die einen Linksbogen beschreibt und nach einem kurzen Stück auch einen Radweg neben sich hat. → Sobald wir auf eine Brücke treffen, überqueren wir sie rechter Hand. → Am Ende biegen wir an der Ampel links ab und fahren auf dem Radweg, der entgegen der Fahrtrichtung verläuft, weiter Richtung Appenweier. Die Straße, neben der wir entlangfahren, ist die Rammersweier Straße.

Wir passieren linker Hand den Nebeneingang des Bahnhofs von Offenburg. Unmittelbar hinter dem Bahnhof endet der Radweg. → Wir müssen auf die Rammersweier Straße abbiegen und dort den Weg fortsetzen. Alternativ kann man geradeaus auch über den Parkplatz fahren, denn schon nach 120 Metern an dem Fußgängerüberweg führt der Weg wieder links hinüber auf einen Radweg parallel zur Straße. Achtung, dieser Radweg ist in beide Richtungen befahrbar und nicht sonderlich breit!

Nach 1,8 gefahrenen Kilometern geht es linker Hand am alten Ausbesserungswerk vorbei, einem charmanten Gebäude in orangefarbenen und gelblichen Klinkern. Links passieren wir die Feuerwehr, das Kletterzentrum des Alpenvereins sowie die Vivil-Werke. Wenn wir auf den Kreisverkehr treffen, ist der Ortsteil Rammersweier erreicht.

i Ganz im Zeichen der alten Römer stehen die interessantesten Plätze von **Rammersweier** (www.rammersweier.de), das seit 1971 ein Stadtteil von Offenburg (www.offenburg.de) ist. Bereits im 1. Jahrhundert nach Christus errichteten die Römer auf dem heutigen Stadtgebiet ein Kastell. 1993 wurden bei Ausgrabungsarbeiten an der Moltkestraße die Reste eines römischen Militärbades entdeckt, das unweit des Kastells stand.

Ansonsten ist die Gemeinde vornehmlich für eine Reihe charmanter Fachwerkhäuser und die im wahrsten Sinne des Wortes ausgezeichneten Weine der Winzergenossenschaft Rammersweier (www.wg-rammersweier.de) bekannt. Und dies, obwohl Rammersweier mit gerade einmal 55 Hektar zu den kleinsten Anbaugebieten in Baden gehört.

Daneben rückt Rammersweier regelmäßig in den Fokus der Sportwelt, wenn die kleine Gemeinde die Weltcup-Rennen der Mountainbiker (www.worldcup-offenburg.de) austrägt.

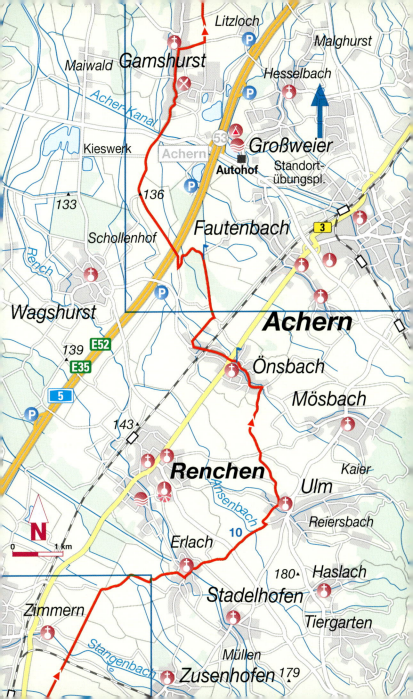

Von Offenburg nach Bühl

Wir überqueren die Straße geradeaus und → fahren dann links die Moltkestraße hinunter. Diese Straße ist auch als »Tour Wald-Reben-Seen« ausgeschildert. Wir fahren nun auf einem breiten Radweg parallel zur Straße durch ein Industriegebiet. Kurz darauf fällt links das alte Römerbad ins Auge.

1 km

❶ Die **römische Badeanlage** wurde 1993 bei der Erweiterung der Moltkestraße zufällig entdeckt. Die aufgedeckten Mauern bilden die Einfassung der Heizanlage, die in den Boden eingelassen war. Keramikfunde datieren das Bad in die zweite Hälfte des 1. Jahrhunderts nach Christus.

Der Radweg überquert nun die Straße Brücklesbünd und führt halb rechts einen leichten Anstieg hoch. Direkt am Radweg liegt auch ein Menhir aus prähistorischer Zeit, der bei der Aushebung der Straße gefunden wurde. → Nach knapp 4,4 gefahrenen Tageskilometern, wenn wir auf ein T-Stück treffen, biegen wir rechts ab und folgen dem Rheintal-Weg Richtung Ebersweier und Appenweier.

8,5 km

Der Weg führt weiterhin durch Felder und Wiesen von der Moltkestraße, zu der wir die ganze Zeit parallel gerollt sind, weg. → Bald biegen wir links an einer kleinen Kreuzung ab. Hier wechselt der Untergrund von asphaltiert zu gepflastert. Auf diesem Teilstück, das über den Plättleweg führt, gilt es auch immer wieder kleine Steigungen zu meistern. → Kurz danach trifft der Weg auf die Bohlsbacher Straße, auf der wir unseren Weg nach Appenweier fortsetzen.
Nach knapp 300 Metern ist dann auch Ebersweier erreicht, das sich selber »Das Kirschendorf im Durbachtal« nennt. Unmittelbar vor dem Ortseingangsschild befindet sich eine Jesusfigur an einem Kreuz. Wir folgen der Bohlsbacher Straße. Linker Hand passieren wir die Kirche von Ebersweier. Der Weg führt hinunter zur Ortsmitte. Die Straße wird nun zur Straße Am Durbach. → Wir überqueren diese mithilfe einer Brücke und → biegen dann an der zweiten Möglichkeit links ab in den Schmiedweg, der Richtung Friedhof ausgeschildert ist.
Genau gegenüber der Straße, an der wir links abbiegen, liegt noch ein niedliches Fotomotiv: eine alte, öffentliche Fahrzeugwaage in einem schmucken Fachwerkhäuschen. In Ebers-

weier gibt es auch einen kleinen Supermarkt sowie gastronomische Betriebe.

Der Weg führt uns nun am Friedhof vorbei und wieder auf einem landwirtschaftlichen Nutzweg durch Felder und Wiesen. Nun gilt es, einen steilen, knapp 400 Meter langen Anstieg zu meistern. ➜ Wenn sich der Weg dann gabelt, halten wir uns halb links. Der Weg steigt weiter leicht an. Zur Belohnung gibt es dann eine ganz leichte Schussfahrt und ein herrliches Panorama auf die umliegenden Berge des Schwarzwaldes und der Vogesen. Der Schmiedweg geht in den Ebersweier Weg über.

Bald darauf geht es dann schwungvoll bergab. Nach rund 800 Metern passieren wir linker Hand eine Christusfigur. Wir treffen auf eine Straße mit dem Namen Hinter den Gärten und ➜ setzen unseren Weg geradeaus fort. ➜ Mithilfe einer Brücke geht es über die stark befahrene Bundesstraße B29 und weiter nach Appenweier.

Unterwegs in Appenweier

ℹ Viel Sehenswertes hat **Appenweier** (www.appenweier.de) nicht aufzuweisen. Sieht man einmal von dem Rathaus im ehemaligen Vogteigebäude und der 1750 im Rokokostil errichteten Kirche ab, die dem heiligen Michael geweiht ist. Teile der 9800-Seelen-Gemeinde sind auch die Ortsteile Nesselried und das für den Meerrettichanbau bekannte Urloffen.

Von Appenweier nach Gamshurst

4,5 km

Wir setzen die Fahrt geradeaus fort. Die Straße, auf der wir nun fahren, heißt immer noch Hinter den Gärten. ➜ Wir überqueren die Alemannenstraße, bleiben auf der Straße Hinter den Gärten ➜ und biegen nach 100 Metern rechts ab in die Nesselrieder Straße. ➜ Nach 60 Metern biegen wir dann links ab in die Josefsgasse. ➜ Wenn wir auf eine Brücke treffen, biegen

Von Offenburg nach Bühl

wir erneut links ab. Auf der anderen Seite der Brücke ist wieder ein Kreuz mit einer Christusfigur zu sehen. Der Weg folgt dem Verlauf des kleinen Baches, der durch Appenweier mäandriert. Besonders charmant ist die Tatsache, dass die Brückengeländer des Flusslaufes mit Blumenkästen behangen sind. Die Straße entlang des Flüsschens heißt passenderweise Bachstraße. → Wo die Bachstraße auf die Hauptstraße trifft, biegen wir rechts ab. Geradeaus fällt uns dabei die Kirche von Appenweier in den Blick.

Weiter fahren wir auf einem kombinierten Fußgänger- und Radweg parallel zur Straße. → Sobald die Hauptstraße als abknickende Vorfahrt einen Linksbogen beschreibt, fahren wir geradeaus in die Römerstraße. Nachdem wir die letzten Wohnhäuser von Appenweier passiert haben, geht es wieder auf einem landwirtschaftlichen Forst- und Waldweg durch Felder weiter. → Schließlich passieren wir einen beschrankten Bahnübergang und setzen den Weg geradeaus fort. → Etwa 140 Meter weiter treffen wir auf eine Stoppstraße. Diese überqueren wir geradeaus Richtung Erlach, das von hier in 3,6 Kilometern Entfernung liegt. Rechter Hand passieren wir nun ein Elektrizitätswerk.

Derweil steigt die Straße wieder leicht an. Bald treffen wir auf die nächste Kreuzung. → Auch hier fahren wir gerade rüber und bleiben auf dem landwirtschaftlichen Nutzweg, der vorbei an Äckern, Wiesen und Obstwiesen führt. → Nach 500 Metern kommt erneut eine Kreuzung, die wir geradeaus passieren. → Bei der nächsten Kreuzung halten wir uns an der zweiten Möglichkeit rechts, → um dann sofort wieder rechts zu fahren. Linker Hand passieren wir nun den Golfplatz des Golfclubs Urloffen. Am Eingang zum Clubareal markiert auch ein großer Stein das Gelände des Vereins. Achtung! Auch hier gibt es wieder zwei Radwegweiser für den Rhein-Radweg – wir nehmen den rechten Weg! → Nachdem wir die Driving Range des Golfplatzes linker Hand passiert haben, biegen wir an der ersten Möglichkeit rechts ab und dann, → nach einem Gehöft und einem Lagerhaus, links in die Margarethenstraße. Wir fahren über eine Brücke an einem Bachlauf direkt auf Erlach zu, das uns mit seinem grünlich glänzenden Kirchturmspitzchen empfängt.

5 Durch das badische Weinland

ℹ 725 Jahre alt und doch jung geblieben – Attribute, die sich das charmante **Erlach** (www.erlach.de) am Übergang des Renchtals in die Rheinebene auf die Fahne schreiben kann. Die knapp 900 Einwohner des Stadtteils von Renchen (www.stadt-renchen.de) leben vorwiegend vom Obst- und Weinanbau. Zwar gibt es wenig Sehenswürdigkeiten in Erlach, gleichwohl wurde das Dorf nicht zuletzt wegen seines gepflegten Erscheinungsbildes nicht von ungefähr im Jahr 2006 beim Wettbewerb »Unser Dorf soll schöner werden« auf den zweiten Platz gehoben. Markantestes Bauwerk ist die 1886 erbaute Pfarrkirche St. Anastasius, deren Turm sogar aus dem Jahr 1511 datiert.

5,5 km ↓

Die Straße, über die wir rollen, heißt weiterhin Margarethenstraße. → An deren Ende biegen wir links in die Erlacher Straße ab. Der Weg führt uns vorbei an der Kirche links. → Wir überqueren eine Brücke über das Flüsschen Rench, das bei Rheinau-Helmlingen in den Rhein mündet, und setzen unseren Weg rechter Hand fort, wobei die Erlacher Straße leicht ansteigt. Ein kleiner Anstieg führt uns aus Erlach hinaus.
Sofort hinter dem Ortsausgangsschild kommt rechter Hand wieder ein Radweg parallel zur Straße. → Wir treffen auf einen Kreisverkehr, den wir geradeaus überqueren. → Nach einer kurzen Abfahrt und einem kleinen Anstieg biegen wir auf der Kuppe links in die Säbelstraße ab. Geradeaus ist bereits das Ortseingangsschild von Ulm zu sehen.
Von dort geht es noch mal ein kleines Stück den Hügel hinauf. Nach einem kleinen Bogen durch Obstbaumplantagen kommen wir nun in Ulm an und fahren dort durch eine Wohnsiedlung bergab. Die Straße, die wir heruntergefahren sind, ist noch immer die Säbelstraße. → Nachdem wir die Ullenburghalle und einen Sportplatz passiert haben, biegen wir an der

Das 900-Seelen-Nest Erlach

Von Offenburg nach Bühl

ersten Möglichkeit rechts in die Ullenburgstraße ab, → nach etwa 50 Metern links in die Mauritiusstraße.
Nach knapp 100 Metern passieren wir linker Hand eine Christusfigur und → biegen links ab in die Önsbacher Straße. Sie führt uns raus aus Ulm. Hier wartet dann erneut ein kleiner Anstieg. → Wenn sich kurz danach die Straße gabelt, nehmen wir den rechten Weg und folgen weiter der Önsbacher Straße. Bei Tageskilometer 20 wartet der nächste Anstieg. → Dann treffen wir auf eine Kreuzung auf der Kuppe, wo wir den Weg geradeaus fortsetzen.
Ein mit Betonplatten ausstaffierter Weg führt uns hinunter nach Önsbach. → Dort, wo die Schwarzwaldstraße auf eine Vorfahrtstraße trifft, direkt an einem Fachwerkhaus, biegen wir links ab und folgen weiter der Schwarzwaldstraße.

ℹ Mit seinen gut 2 200 Einwohnern ist **Önsbach** (www.oensbach.de) heute ein Stadtteil von Achern (www.achern.de). Durchschnitten wird der im Jahr 1225 erstmals urkundlich erwähnte Ort durch die viel befahrene Bundesstraße B3. Mit fruchtbaren Lössböden gesegnet, hat sich Önsbach vor allem durch den Anbau von Getreide, Gemüse und Obst einen Namen gemacht.

Wir folgen dem Verlauf der Schwarzwaldstraße in die Ortsmitte, passieren linker Hand die Feuerwehr und die Kirche von Önsbach. In Önsbach gibt es verschiedene kleine Geschäfte und gastronomische Einrichtungen. → Wenn die Schwarzwaldstraße auf die Bundesstraße B3 trifft, überqueren wir diese und setzen unseren Weg geradeaus fort. Neben der Straße verläuft nun wieder ein kombinierter Rad- und Fußweg. → Nach 650 Metern unterqueren wir drei dicht aufeinanderfolgende Brücken, die für den Eisenbahn- und Straßenverkehr gedacht sind.
→ Wenn der Radweg auf die Gewerbestraße trifft, biegen wir rechts ab. → Nach nur 80 Metern geht es wieder rechts; wir fahren auf einen landwirtschaftlichen Nutzweg zu, der uns dann weiter durch Felder und Wiesen führt. Wir überqueren die erste Kreuzung geradeaus und fahren über die Straße namens Bernhardshof. → Wenn diese auf eine T-Kreuzung trifft, fahren wir links ab auf die Straße Obermatten. → Nach knapp 200 Metern

9 km

gabelt sich der Weg – wir nehmen die rechte Variante. Rund zwei Kilometer nach Önsbach befindet sich auf der rechten Seite ein überdachter Grillplatz, der zu einer kleinen Verschnaufpause und Stärkung einlädt.

Nun geht es hinein in ein Waldstück auf asphaltiertem Grund. Etwa 900 Meter nach dem Grillplatz biegt der asphaltierte Weg rechts ab. → Wir fahren aber geradeaus über eine Schotterpiste. → An der ersten Möglichkeit biegen wir dann links ab und fahren nicht weiter geradeaus auf die Autobahn zu. → Schließlich müssen wir eine 180-Grad-Kurve machen und parallel zu dem Weg, über den wir gekommen sind, einen leichten Anstieg über die Autobahnbrücke meistern. Wir überqueren die Autobahn A5. Die Straße heißt Schrot.

→ An der nächsten T-Kreuzung halten wir uns rechts; von hier sind es bis Gamshurst 1,4 Kilometer. Nun wechselt der Untergrund wieder von einer Schotterpiste zu einer asphaltierten Straße. → Dann müssen wir die Schnellstraße L87 queren und weiter geradeaus über die Rheinstraße nach Gamshurst fahren. → Nach der Landstraße überqueren wir eine kleine Brücke, → unmittelbar danach fahren wir rechts hinunter auf den Radweg und → dann nach 30 Metern scharf links auf den Radweg, der etwas unterhalb der Straße verläuft. Dieser Radweg führt uns nun direkt nach Gamshurst.

i Gamshurst (www.gamshurst.de), das seit 1973 ein Stadtteil von Achern (www.achern.de) ist, erweist sich als charmantes Dorf ohne nennenswerte Sehenswürdigkeiten. Durchzogen wird das im Jahr 902 erstmals urkundlich erwähnte Dorf, in dem gut 1700 Menschen zu Hause sind, auf einer Länge von etwa drei Kilometern von der Acher, einem 53 Kilometer langen Nebenfluss des Rheins.

Von Gamshurst nach Bühl

13 km

Die Straße, die wir entlangfahren, ist immer noch die Rheinstraße. → Wenn diese zu Ende ist und auf die Lange Straße trifft, biegen wir links ab. In weiten Bögen führt die Lange Straße durch Gamshurst hindurch. Wir passieren rechts wieder eine Christusfigur am Kreuz. Nach etwa 300 Metern kommt eine Reihe von Fachwerkhäusern in den Blick, bevor geradeaus

Von Offenburg nach Bühl

die Kirche von Gamshurst erscheint. → Und nach weiteren 300 Metern müssen wir, unmittelbar vor der Kirche, rechts in die Oststraße abbiegen. Dort liegen rechter Hand auch ein Brunnen und die Volksbank. Die Oststraße führt uns, vorbei an einem Kindergarten, wieder hinaus aus Gamshurst. Direkt am Ortsausgang liegt rechts neben der Straße ein Radweg. → Nach dem Friedhof müssen wir links abbiegen. → Nach 550 Metern treffen wir auf eine Kreuzung, diese überqueren wir geradeaus und fahren unter einer Stromleitung hindurch. 450 Meter weiter kommt eine weitere Kreuzung, → die wir ebenfalls geradeaus überqueren.

Zahllose Kirschbäume säumen den Weg von Offenburg nach Bühl.

Unmittelbar bevor wir wieder auf eine Straße treffen, → biegen wir auf den rechts liegenden Radweg ab. Bald ist rechter Hand wieder ein großes Kruzifix am Straßenrand zu sehen. Schließlich kommt ein Schild in den Blick, das den Rheintal-Weg nach links weist. Dort fahren wir aber nicht links ab ⚠, → sondern weiter geradeaus und auf Unzhurst und den Kirchturm zu. Der Radweg endet schließlich an einem Kreuz, → wir fahren ein Stück an der Rheinstraße weiter, die uns bis nach Unzhurst hineinbringt.

🛈 Das kleine **Unzhurst**, das seit dem Jahre 1972 ein Ortsteil von Ottersweier (www.ottersweier.de) ist, erweist sich als reines Wohngebiet. Entsprechend gibt es in dem im Jahr 1240 erstmals urkundlich erwähnten Ort keine nennenswerten Sehenswürdigkeiten.

5 Durch das badische Weinland

Die Rheinstraße endet schließlich an der Zeller Straße. ➔ Dort biegen wir links ab Richtung Sportplatz. Wir folgen ein Stück der Straße Richtung Moos. Schließlich erreichen wir Zell. Wir durchfahren Zell parallel zur Straße ➔ und fahren rechts ab Richtung Balshofen. Wir müssen hier leider an einer viel befahrenen Landstraße entlangfahren. ➔ Nach circa 700 Metern überqueren wir erneut die Autobahn A5. Die Straße, die wir fahren, ist die K3747. ➔ Nach ca. 1,5 Kilometern erreichen wir dann Balshofen. Hier folgen wir der Balshofener Straße, ➔ bis sie als abknickende Vorfahrtstraße rechts herumführt. Dort fahren wir geradeaus. An der rechten Seite befindet sich ein Lebensmittelladen. Die Straße, in die wir jetzt einbiegen, ist die Eichenwaldstraße. An der Ecke liegt auch eine Bäckerei.

➔ Wenn die Straße sich gabelt, biegen wir halb links ab und fahren nicht ⚠ geradeaus in die Vogt-Kistner-Straße. ➔ Wir gelangen an einen unbeschrankten Bahnübergang, den wir überqueren und ➔ wo wir uns rechts halten. ➔ Wir überqueren eine Brücke über ein Flüsschen ➔ und halten uns auf dem rechten Weg (nicht geradeaus!). Auch die nächste Wegekreuzung ➔ überqueren wir geradeaus. Sobald wir auf Häuser und eine Kreuzung treffen, ➔ fahren wir über diese erneut geradeaus hinweg. Die Straße, über die wir rollen, heißt Forlenhof. ➔ An der nächsten Kreuzung müssen wir nochmals geradeaus fahren. Linker Hand kommt ein Sportplatz, nach dem wir linker Hand ein Schulgelände passieren. Nach diesem treffen wir auf die Tullastraße. Hier endet die Tagesetappe.

› Abstecher ins Zentrum von Bühl

8,4 km hin und zurück

Es bietet sich ein lohnenswerter Abstecher nach Bühl an. Wer den Umweg in Kauf nehmen möchte, ➔ biegt rechts in die Tullastraße ab ➔ und am Ende links in die Seimelstraße. ➔ Am Ende der Seimelstraße geht es rechts auf die Vimbucher Straße. Wir folgen deren Verlauf, überqueren die Bundesstraße B3 an der beampelten Kreuzung und setzen unseren Weg geradeaus über die Rheinstraße fort. ➔ Am Kreisverkehr biegen wir rechts ab in die Hauptstraße, die uns ins Zentrum von Bühl bringt. ‹

Von Bühl nach Durlach

Bühl – Müllhofen – Halberstung – Baden-Baden – Haueneberstein – Schloss Favorite – Kuppenheim – Muggensturm – Malsch – Ettlingenweier – Ettlingen – Wolfartsweier – Durlach

  leicht 46,5 km 236,5 km 5 Std.

Diese Etappe könnte als kleine Schlössertour durchgehen, liegen doch entlang des Weges das verspielte Schloss Favorite, die Residenzen in Ettlingen und Durlach. Zudem wartet Baden-Baden mit seinem exzellenten Kulturangebot sowie seiner exquisiten Badekultur. Die Vielzahl an Sehenswürdigkeiten führt fast zwangsweise zu der einen oder anderen Fahrtunterbrechung.

Tierische Begegnung bei Halberstung

etappe auf einen Blick

km 0	Bühl, nach Müllhofen, schließlich parallel an einem breiteren Bach, dem Sandbach, entlang, bis Halberstung erreicht ist. Weiter über Sinzheim, Haueneberstein zum spektakulären Schloss Favorite, dann über Kuppenheim nach
km 26	Muggensturm, weiter über Malsch, Ettlingenweier, Ettlingen, Wolfartsweier bis
km 46,5	Durlach, mit dem Durchradeln des schmucken Baseler Tors ist der Zielort erreicht

6 Durch das badische Weinland

tour kompakt

Tourencharakter
Diese Etappe ist landschaftlich nicht mehr so abwechslungsreich wie die vorherigen. An einigen Stellen führt die Route durch Industriegebiete und abschnittsweise auch immer mal wieder entlang viel befahrener Straßen – und dies fast durchgehend auf gut ausgebauten Radwegen mit asphaltiertem Grund.

Ausgangspunkt
Bühl.

Endpunkt
Durlach.

Anreise
Bahn: Bühl ist Bahnstation an der Rheintalstrecke Frankfurt–Basel, nächster ICE- und IC-Halt ist in Baden-Baden. Vom Bahnhof Bühl fahren Linienbusse in alle Bühler Stadtteile. In Durlach halten Regionalbahnen und es gibt gute Anschlussverbindungen zum nahe gelegenen ICE-Halt Karlsruhe.
Auto: Bühl ist über die A5 Karlsruhe–Basel, Ausfahrt Bühl, die B 3 oder über der Schwarzwaldhochstraße (B500) zu erreichen. Parken: In Bühl stehen rund 2000 zentrumsnahe Parkplätze zur Verfügung. Dazu gehören das Parkdeck Johannesplatz sowie die Parkplätze an der Tourist-Info, an der Franz-Conrad-Str. sowie am Kulturzentrum.
Durlach ist ebenfalls über die A5 Karlsruhe–Basel, Ausfahrt Karlsruhe-Durlach, bequem zu erreichen. Parken: Zentral gelegene Parkplätze in Durlach sind u. a. die Amalienbadgarage an der Gritznerstr. 5 und die Parkplätze an der Pfinzstr. beziehungsweise Blumentorstr.
Flugzeug: Der Flughafen Karlsruhe/Baden-Baden liegt ca. 20 km westlich von Bühl. Regelmäßiger Busanschluss nach Bühl und Karlsruhe.

Wegmarkierung
Rheintal-Weg (weißer Radfahrer auf grünem Grund mit Schriftzug »Rheintal-Weg«).

Abstecher
Ab Durlach kann der Weg nach Karlsruhe eingeschlagen werden. Zwar ist die Strecke nicht sonderlich reizvoll, dafür aber das Ziel.

Essen und Trinken
Durlach: Sol i Luna, Pfinztalstr. 58, Tel. 0721/490 84 14 (Restaurant mit Biergarten; mediterrane Küche mit asiatischen sowie südamerikanischen Einflüssen).
Karlsruhe: Restaurant EigenArt, Hebelstr. 17, Tel. 0721/570 34 43 (zentral gelegen, saisonale Speisen, regionale Weine und Kunst auf nette Art verbunden).

Übernachtung
Durlach: Hotel Restaurant Zum Ochsen, Pfinzst. 64, Tel. 0721/94 38 60, www.ochsen-durlach.de (in einem ehemaligen Speicher stehen sechs hochwertige, mit viel Geschmack und Liebe eingerichtete Hotelzimmer zur Verfügung); AZUR Campingpark Turmbergblick, Tiengener Str. 40, Tel. 0721/49 72 36, www.azur-camping.de (Schwimmbad und Waldseilgarten direkt in der Nähe).
Karlsruhe: Hotel AAAA Kübler, Bismarckstr. 37–43, Tel. 0721/14 40, www.hotel-kuebler.de (empfehlenswertes, in direkter Nähe zu Uni, Schloss und Einkaufsmöglichkeiten gelegenes Hotel. Es lohnt, nach den Motto-Zimmern zu fragen – dann schläft man unter »Sonne, Mond und Sternen« oder ergattert ein Zimmer mit Kachelofen und antikem Gebälk neben verglastem, modernstem Badezimmer).

Von Bühl nach Durlach 6

tour kompakt

Werkstätten
Karlsruhe: Radsport DOKO, Rastatter Str. 89, Tel. 0721/88 13 88.
Kuppenheim: Radhaus Kastner, Tel. 07222/486 86, www.radhaus-kastner.de
Malsch: Zweirad Hirth, Am Federbach 14, Tel. 07246/50 00, www.zweirad-hirth.de

Tourist-Info
Karlsruhe: Karlsruher Messe- und Kongress-GmbH, Festplatz 9, Tel. 0721/37 20 53 83, Fax 0721/37 20 53 99, www.karlsruhe-tourism.de

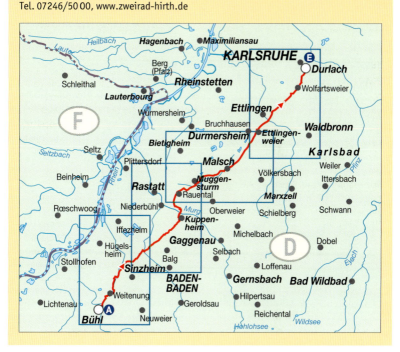

Von Bühl nach Baden-Baden

❶ Zwischen Rhein, Reben, weitläufigen Obstplantagen und den Ausläufern des Schwarzwaldes liegt **Bühl** (www.buehl.de). Die quirlige Kleinstadt mit ihren gut 29 000 Einwohnern nennt gleich zwei Heimatmuseen ihr Eigen – eines im Stadtzentrum und eines im Stadtteil Weitenung. Historisch interessant ist neben einem römischen Meilenstein (das Original steht im Stadtmuseum, die Kopie vor dem Rathaus) das Rathaus mit seinem achteckigen Turm, die 1872 bis 1877 von Architekt Karl Dernfeld errichtete katholische

6 Durch das badische Weinland

Kirche St. Peter und Paul am Marktplatz sowie die Burgruine Alt-Windeck, die zu den wichtigsten Anlaufstellen gerechnet wird. Sehenswert sind darüber hinaus einige historische Fachwerkhäuser des Hänferdorfs (www.haenferdorf.de.vu), des ältesten Teils der Stadt. Der Johannesplatz, zentral gelegen in der Fußgängerzone, ist das Herzstück der Stadt. Hier befinden sich neben Geschäften auch zahlreiche Restaurants mit Außengastronomie.

> **Tipp Schlafen wie anno dazumal**
>
> Das Hotel-Restaurant »Die Grüne Bettlad« ist ein 400 Jahre altes Fachwerk-Knusperhäuslein. Jedes der sechs romantischen Doppelzimmer ist mit Liebe zum Detail und historisch eingerichtet. In den Zimmern, die reich mit Bauernmalerei verziert sind, fühlt man sich leicht ins 17. Jahrhundert zurückversetzt, als der Überlieferung nach die damalige Wirtin Adelheid, ein ebenso hübsches wie lebensfrohes Weib, »in der grünen Bettlad« – dem ehelichen Himmelbett – mit einem Liebhaber erwischt wurde. Schadenfrohe Nachbarn tauften darauf gleich das ganze Haus nach der Bettstätte. Die grüne Bettlad, Blumenstraße 4, Tel. 07223/9 31 30, www.gruenebettlad.de

An der Ecke, wo die Forlenstraße auf die Tullastraße trifft, → biegen wir links ab Richtung Weitenung. → Nach knapp 200 Metern, am Ende der Tullastraße, biegen wir rechts ab in die Weidmattenstraße, → an der nächsten Kreuzung sofort links in die Vogesenstraße. Wenn rechts ein Autohaus erscheint, kommt wieder ein Radweg, der direkt an einem Kruzifix beginnt. → Dort fahren wir rechts auf den Radweg auf → und überqueren die vor uns liegende Straße über die Verkehrsinsel, fahren dann auf der gegenüberliegenden Seite (quasi entgegen der Fahrtrichtung) weiter, mit einer Tankstelle zur Linken. Nachdem wir die Tankstelle passiert haben, → fahren wir geradeaus über die beampelte Kreuzung, → um dann rechts abzubiegen auf die Anliegerstraße neben der Straße. Die Anliegerstraße heißt Am Alten Römerpfad. → Nach knapp einem Kilometer biegen wir an der ersten Möglichkeit links ab. Achtung! Hier ist auch ein Radweg geradeaus ausgeschildert – dem folgen wir nicht!

An der ersten T-Kreuzung biegen wir links ab, → an der nächsten Kreuzung dann rechts. Die Straße, der wir nun folgen, ist die Kirchstraße. → An der nächsten Möglichkeit biegen wir rechts ab in den Wiesenweg. Wir passieren linker Hand eine Schule sowie einen kleinen Bolzplatz. → Wenn die Straße endet und auf eine T-Kreuzung trifft, → biegen wir links ab in die

4 km

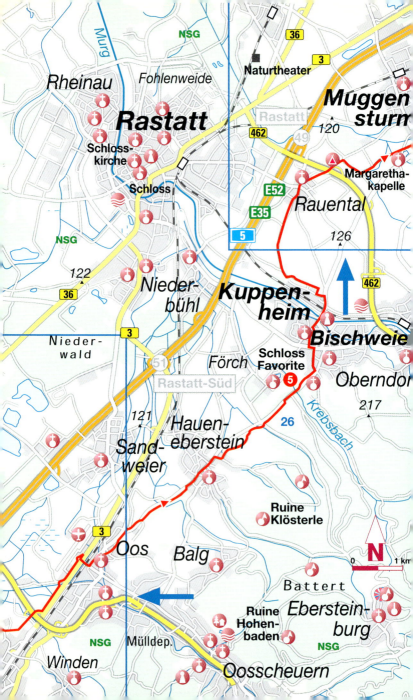

Von Bühl nach Durlach 6

Straße Im Mühlgut. → Nach knapp 30 Metern geht es rechts über die Brücke auf die Fremersbergstraße.
Nach der Brücke biegen wir an der ersten Möglichkeit links ab. Dort ist es auch Richtung Friedhof ausgeschildert. → Unmittelbar vor dem Tor zum Friedhof geht es links ab Richtung Sinzheim. → An der nächsten Wegkreuzung fahren wir geradeaus (nicht links, auch wenn dort ein Radweg ausgeschildert ist!). Etwa bei Tageskilometer 3,9 haben wir Müllhofen erreicht. → Kurz nach dem Ortseingangsschild biegen wir links ab in die Liedelshofer Straße.

🛈 Auffällig: Wie bei den meisten kleinen Ortschaften zuvor ist auch **Müllhofen** durch Wohngebiete dominiert. Diese sind sehr gepflegt, lassen aber leider jeden Hingucker vermissen und wirken ein wenig ausgestorben.

Am Ende der Liedelshofer Straße biegen wir links ab in die Panoramastraße und folgen ihrem Verlauf. → Nachdem wir die Brücke überquert haben, → biegen wir sofort rechts ab in den Rasthofweg. Auf diesem Streckenabschnitt wird man aufgrund der vielen Schlaglöcher im Asphalt kräftig durchgeschüttelt; die Bürger haben in Anlehnung daran schon ein Schild aufgestellt: »Kukident-Teststrecke«. Der Weg führt uns nun parallel an einem breiteren Bach, dem Sandbach, vorbei, bis wir Halberstung erreichen.

2 km

🛈 Gerade einmal gut 650 Einwohner zählt das beschauliche **Halberstung** (www.halberstung.de). Am Rande des Stadtteils von Sinzheim (www.sinzheim.de) verläuft der Sandbach, der als Tummelplatz für Frösche gilt, was Halberstung den Beinamen »Fröschedorf« einbrachte. Viel zu sehen gibt es hier nicht. Dreh- und Angelpunkt des gesellschaftlichen Lebens ist die Bürgerbegegnungsstätte, die für Konzerte, Fastnachtsveranstaltungen und Theaterabende genutzt wird.

Die Straße, über die wir nun fahren, ist die Stockmatt. → An der ersten Möglichkeit biegen wir rechts ab in die Lindenstraße, → an der zweiten Kreuzung fahren wir rechts in die Schiftunger

6 Durch das badische Weinland

2 km

Straße. Linker Hand liegt wieder ein Kruzifix am Wegesrand. Wir passieren den Gasthof Adler auf der linken Seite und → setzen unseren Weg geradeaus fort, → queren den Fluss, während uns die Straße wieder aus Halberstung hinausführt. Bei Tageskilometer 6,8 treffen wir auf die Landstraße L80. → Diese überqueren wir geradeaus, → um dann auf der kleinen Straße zwischen Feldern und Wiesen nach Sinzheim weiterzufahren.

🛈 Die eigene Lage umschreibt **Sinzheim** (www.sinzheim.de) mit den Worten »zwischen Wein und Rhein«. Insbesondere vom 525 Meter hohen Fremersberg bietet sich von der Aussichtsplattform des 83 Meter hohen Fernmeldeturms ein herrlicher Blick auf die Rheinebene und die Weinstöcke des Umlandes. Markantestes Bauwerk ist die im Jahr 1900 fertiggestellte Pfarrkirche St. Martin. Im Ortsteil Vormberg befindet sich eine Mariengrotte, die zum Dank an die Mutter Gottes eingerichtet wurde, nachdem die Gemeinde während des Zweiten Weltkrieges weitgehend von Zerstörungen verschont blieb.

3,5 km

Auch hier wird die landschaftliche Idylle wieder durch das Rauschen der etwa in zwei Kilometern neben uns verlaufenden Autobahn A5 gestört. Mitten in einem der größten deutschen Anbaugebiete erscheinen nun linker Hand riesige Gewächshäuser. → Wenn der Weg wieder auf eine Straße trifft, setzen wir unsere Tour auf dem Radweg links neben der Landstraße fort. Nach etwa 250 Metern beschreibt die Landstraße eine leichte Linkskurve; dort fahren wir geradeaus in die gegenüberliegende Straße → und queren dazu die Landstraße.
Nach gut 500 Metern passieren wir einen Sportplatz links. Im Vereinsheim am Sportplatz gibt es auch die Möglichkeit zur Einkehr. Allerdings ist es nicht ständig geöffnet. → Dort, wo es rechts Richtung Hartung ausgeschildert ist, fahren wir geradeaus in die markierte Sackgasse hinein. → Wenn der Weg nach etwa 370 Metern auf eine Straße trifft, fahren wir geradeaus und folgen der Straße Am Markbach. Nun geht es durch ein kleines Industriegebiet hindurch. → An der nächsten Möglichkeit biegen wir links ab in die Straße In den Sangen und → dann an der ersten Möglichkeit wieder links in die Straße Buchtunger Hof (Sackgassenschild direkt vor dem Servicecenter Reichert).

Von Bühl nach Durlach 6

An der ersten Möglichkeit, nach etwa 250 Metern, biegen wir rechts ab in die Buchtunger Straße. Der Weg beschreibt einen Bogen und führt an der Auffahrt der Bundesstraße entlang.
→ An der ersten Möglichkeit halten wir uns links, → um unter der Bundesstraße B500 hindurchzufahren. Nun führt der Weg weiter, vorbei an einer Straße zur Rechten und einer Kleingartenanlage zur Linken. Schließlich passieren wir einen riesigen Tank zur linken Seite, auf dem »Kehl Arzneimittel« steht. Auf der rechten Seite, jenseits der Bundesstraße B3, liegt die dazugehörige Arzneimittelfabrik. → Sobald wir auf eine kleine Kreuzung treffen, fahren wir geradeaus über die Brücke hinüber und → dann sofort rechts. Nun folgen wir wieder einem Radweg parallel zum Fluss. Auf diesem Teilstück verläuft nun auch wieder der Rhein-Radweg.
Rechter Hand kommt der Bahnhof von Baden-Baden in den Blick. Unmittelbar vor dem Bahnhof beschreibt der Weg ein »U«, um dann durch den Tunnel auf die andere Seite des Bahnhofs zu führen. Nach dem Tunnel liegt links der Bahnhof. → Wir müssen dann die Straße links queren und der Ooser Luisenstraße folgen.

› Abstecher ins Zentrum von Baden-Baden

Wer von hier aus in das Zentrum der Stadt Baden-Baden fahren möchte, kann dem ausgeschilderten Radweg folgen, der am Ende des Tunnels rechts abbiegt. In die Innenstadt von Baden-Baden gelangt man über die Ooser Landstraße und weiter über die Rheinstraße, an deren Ende es links auf die Lange Straße geht. Diese führt direkt zum Festspielhaus.

10,5 km hin und zurück

i Obschon der weltberühmte Kurort **Baden-Baden** (www.baden-baden.de) im Rahmen der Tour von Basel nach Mainz im Wesentlichen nur im Nordwesten gestreift wird, sollte auf einen Abstecher in das Zentrum der 2000 Jahre alten Bäderstadt nicht verzichtet werden. Einer der ersten Anlaufpunkte sollte dabei fraglos das **Kurhaus** (www.kurhaus-baden-baden.de) sein – ein im Jahr 1824 nach Plänen von Friedrich Weinbrenner fertiggestellter Prachtbau der Belle Epoque. In dem vielgliederigen Komplex ist auch das **Casino Baden-Baden** (www.casino-baden-baden.de), die älteste und größte

6 Durch das badische Weinland

Spielbank in Deutschland, untergebracht. Ansonsten werden hier zahlreiche Bälle, Empfänge und Bankette abgehalten, aber auch Konzerte gegeben.

Einer der wichtigsten kulturellen Dreh- und Angelpunkte der 54000-Seelen-Gemeinde ist zweifelsohne das **Festspielhaus** (www.festspielhaus.de). Das 1998 eingeweihte, zweitgrößte Opernhaus der Welt bietet 2500 Besuchern Platz und präsentiert unvergessliche Musikerlebnisse oder Ballettaufführungen mit internationalen Stars wie Anne-Sophie Mutter, Daniel Barenboim, Kent Nagano, Placido Domingo, James Levine oder Thomas Hampson.

Die jahrhundertealte Badekultur der Stadt wird in den **Römischen Badruinen** (www.badruinen.de) anschaulich aufgearbeitet. Das Museum antiker Badekultur nennt die ältesten römischen Badeanlagen Deutschlands sein Eigen. Zu sehen sind unter anderem das Soldatenbad, aber auch Teile der von den alten Römern entwickelten Fußbodenheizung.

Und wie es sich für einen Kurort gehört, können Besucher in Baden-Baden natürlich selber auch die wohltuende Wirkung des Thermalwassers am eigenen Körper erfahren. Etwa beim Besuch der 3000 Quadratmeter großen **Caracalla Therme** (www.carasana.de) oder des seit 1877 betriebenen **Friedrichsbads**, das römische Badekultur mit irischen Heißluftbädern verbindet. Teil der Badekultur ist auch das Lustwandeln zwischen den korinthischen Säulen der Trinkhalle, wo das Wasser aus den bis zu 17 000 Jahre alten Quellen des Friedrichsbades genossen werden kann.

Im Kurpark von Baden-Baden findet sich zudem das **Museum Frieder Burda** (www.museum-frieder-burda.de). Bekannt ist es für seine famose Sammlung an Gemälden, Grafiken, Skulpturen und Objekten der klassischen Moderne und der zeitgenössischen Kunst, darunter ein Werkkomplex von Pablo Picasso und wertvolle Arbeiten namhafter deutscher Künstler wie Georg Baselitz, Anselm Kiefer oder Gerhard Richter. Nur einen Steinwurf entfernt – und über eine gläserne Brücke mit

> **Tipp Einkehr für »K(n)ur(r)gäste«**
>
> Der Bahnhof von Baden-Baden ist hübsch, klein und gemütlich. Eine Bäckerei und ein gemütliches Café laden zum Verweilen und Betrachten der »K(n)ur(r)gäste« ein. Coffee Fellows (Ooser Bahnhofstraße 4, Tel. 07221/9 71 56 95, www.coffee-fellows.de) serviert Bagels, Kaffeespezialitäten und andere Getränke, während die Bäckerei Armbruster (Ooser Bahnhofstraße 4, Tel. 07221/80 40 22, www.armbruster-baeckerei.de) Backwaren und andere kleine Stärkungen vorhält.

Von Bühl nach Durlach

dem Museum Frieder Burda verbunden – zieht die **Staatliche Kunsthalle Baden-Baden** (www.kunsthalle-baden-baden.de) als Haus ohne eigene Sammlung die Besucher mit Wechselausstellungen in ihren Bann. Vier Ausstellungen pro Jahr sind einzelnen Künstlerpersönlichkeiten und aktuellen wie historischen Fragen von Kunst und Kultur gewidmet. Gezeigt werden zeitgenössische Kunst und Werke der klassischen Moderne. Aber auch der jungen Kunst wird hier ein Forum eröffnet.

Derweil widmet sich das **Fabergé Museum** (www.fabergemuseum.de) ganz dem Lebenswerk von Carl Fabergé. In der einzigartigen Sammlung ist das ganze Spektrum der Arbeiten von Carl Fabergé vertreten, angefangen bei den berühmten kaiserlichen Ostereiern der Zarenfamilie bis hin zu köstlichen Schmuckstücken und qualitätvollen Gegenständen des täglichen Bedarfs.

Und für alle Freunde des Pferdesports sind die Galopprennen auf der Pferderennbahn in Iffezheim (www.baden-racing.com) ein Muss. ‹

Von Baden-Baden nach Muggensturm

Wir setzen unseren Weg an der Ooser Luisenstraße fort. → Nach etwa 220 Metern überqueren wir einen Bach, → an der Ampel dann die Straße, → um halb rechts gegenüber in der Ooser Sternstraße unseren Weg fortzusetzen. → Wir fahren über die Ooser Burgstraße und → geradeaus in den Pflostweg. Nach etwa 700 Metern endet dieser und → wir biegen links auf den Radweg. Der Radweg verläuft nun etwas versetzt, von der Straße, der Kuppenheimer Straße, durch einen Grünstreifen getrennt. Kurze Zeit später verlassen wir das Stadtgebiet von Baden-Baden wieder. → Der Radweg biegt mit der Straße schließlich nach rechts ab, und wir folgen weiter seinem Verlauf. Wenn die Karlsruher Straße (L67) rechts zum Sportlertreff Oos abbiegt, → fahren wir weiter geradeaus auf dem Radweg. Rund 2,5 Kilometer nach Verlassen des Baden-Badener Bahnhofes ist Haueneberstein erreicht. Hier beginnt auch die Badische Spargelstraße. → Durch Haueneberstein fahren wir auf einem kombinierten Rad- und Fußweg direkt neben der Straße. Rechter Hand passieren wir das Rathaus von Haueneberstein.

3 km

6 Durch das badische Weinland

› Abstecher zum Heimatmuseum

400 m
hin und
zurück

🛈 Wer möchte, kann links in die Alte Dorfstraße abbiegen. Dort geht es zum Heimatmuseum (www.haueneberstein.de). Das **Heimatmuseum** ist in einem schmucken Fachwerkhaus aus dem 17. Jahrhundert keine 100 Meter von dieser Kreuzung entfernt zu finden. ‹

5 km
↓

Wir fahren weiter die Karlsruher Straße entlang. → Nach einer Ampel biegen wir rechts in die Waldstraße ab, → an der nächsten Möglichkeit links. Dort ist es auch Richtung Obst- und Gartenbauverein ausgeschildert. Der Weg geht nun wieder in einen landwirtschaftlichen Forst- und Nutzweg über, der asphaltiert ist. Es folgt ein leichter Anstieg. → Dann gabelt sich der Weg und wir nehmen den linken. Dieser endet schließlich an der Landstraße L67 Richtung Kuppenheim. → Wir biegen auf den neben der Karlsruher Straße verlaufenen Radweg ab, der durch einen Grünstreifen von der Fahrbahn getrennt ist. Wenn der Radweg nach etwa 550 Metern auf die Straße trifft, → überqueren wir diese geradeaus, um in dem Waldstück auf dem landwirtschaftlichen Nutzweg weiterzufahren.

Hier gilt es dann wieder, einen lang gezogenen, jedoch flachen Anstieg zu meistern. Nach knapp 700 Metern endet der Radweg auf der rechten Seite. → Wir müssen die L67, die hier Friedrichstraße heißt, überqueren und auf dem geschotterten Radweg auf der linken Seite, in Gegenrichtung des Autoverkehrs, weiterfahren. Wegen des starken Verkehrs ist an dieser Stelle beim Kreuzen der Landstraße besondere Vorsicht geboten! Etwa 300 Meter nach Überqueren der Landstraße treffen wir auf eine kleine Holzbrücke, die wir geradeaus überqueren.

› Abstecher zum Schloss Favorite ❺

1,2 km
hin und
zurück

Wer zum Schloss Favorite abbiegen möchte – ein lohnender, sehr kurzer Abstecher –, kann vor der Brücke rechts abbiegen. → Um zum Schloss zu gelangen, folgt man einfach dem geschotterten Weg, → an der ersten Gabelung biegt man links ab und fährt praktisch auf das gepflegte, reich verzierte Schloss zu.

Von Bühl nach Durlach 6

i Puppenstubenflair umgibt das in einem herrlich angelegten Landschaftsgarten im Auftrag von Markgräfin Sibylla Augusta von Baden (1675–1733) Anfang des 18. Jahrhunderts errichtete **Schloss Favorite** (www.schloss-favorite.de). Nicht von ungefähr diente es im Jahr 2008 als Kulisse für das von der ARD verfilmte Märchen »Der Froschkönig«. Das Barockschloss im heutigen Rastatter Stadtteil Forch ist das älteste deutsche Porzellanschloss und als einziges in der ursprünglichen Form erhalten geblieben. Die stattliche Sammlung des Hauses umfasst asiatische und europäische Keramiken, Glas und Porzellan. Daneben vermitteln die prächtigen Räume einen lebhaften Eindruck von der fürstlichen Wohnkultur und der Asienbegeisterung im frühen 18. Jahrhundert. Als klassisches Lustschloss auf dem Lande diente Favorite fürstlichen Vergnügungen, Geselligkeit und Spiel sowie der Jagd. ‹

Über die Holzbrücke geht es weiter Richtung Kuppenheim. Nun verläuft der Radweg, der wieder asphaltiert ist, direkt neben der Straße, entgegen dem Autoverkehr. Nach 180 Metern ist der Ortseingang von Kuppenheim, das zur Gemeinde Rastatt gehört, erreicht. An der linken Seite der Friedrichstraße 132 liegt das Fahrradgeschäft Radhaus Kastner. Rechter Hand erscheint die örtliche Kirche.

200 m

i Nur wenige Hundert Meter Luftlinie vom Schloss Favorite entfernt beginnt das Stadtgebiet von **Kuppenheim** (www.kuppenheim.de). Zu den augenfälligsten Gebäuden der 7700-Seelen-Gemeinde zählen das Rathaus aus dem Jahr 1730 sowie die 1905 nach Plänen des Karlsruher Architekten Johannes Schroth errichtete

Oben: Verschnaufpause am Schloss Favorite

6 Durch das badische Weinland

St.-Sebastian-Kirche, während die gut erhaltenen Teile der mittelalterlichen Stadtmauer die Gassen der Altstadt begrenzen.

Hoch in der Gunst von Auto- und Technikliebhabern steht das Unimog-Museum (www.unimog-museum.com), in dem Fahrzeuge aus sieben Jahrzehnten zu sehen sind. Dabei ist nicht nur alles Wissenswerte rund um die geländegängigen Fahrzeuge zu erfahren. Wer möchte, kann mit einem Unimog über einen Außenparcours fahren. Eine Besonderheit ist fraglos auch das Koffer- und Heimatmuseum, das sich vornehmlich der Firmengeschichte der Kofferfabrik »Johann Schaeuble« verschrieben hat und einen Einblick in die Entwicklung und Fertigung der deutschen Leder- und Kofferproduktion verschafft. Für Entspannung und Erholung sorgt das Schwimm- und Wellness-Zentrum namens Cuppamare (www.cuppamare.de).

2,5 km

Wir fahren entlang der Friedrichstraße durch Kuppenheim. An der Ecke Spitalstraße ist ein schöner, grün getünchter Brunnen zu sehen. Nach einer weiteren Kirche passieren wir rechter Hand das moderne Rathaus → und überqueren zwei Brücken, die erste über einen Bachlauf, die zweite über den Fluss Murg. Schließlich passieren wir rechts die S-Bahn-Station von Kuppenheim, queren die Bahngleise und setzen unseren Weg geradeaus fort. → Kurz nach dem Ortsausgang wechseln wir links auf den Radweg neben der Straße und → biegen dann links in die Fritz-Minhardt-Straße ab. Dort, an der Ecke, liegt auch eine Firma namens Heinz von Hayden. → Direkt hinter der großen Diskothek namens »Sonic« geht es rechts in die Lochacker Straße → und nach knapp 200 Metern sofort wieder links vor einem Haus mit Wellblechverkleidung in Blau, Grau und Gelb. → Wenn wir auf eine abknickende Vorfahrtstraße treffen, setzen wir unseren Weg geradeaus fort. Die Straße heißt nun Eichetstraße. Wir rollen weiter durch ein Industriegebiet, treffen auf das Stadion des Motorsportvereins Kuppenheim → und biegen unmittelbar davor rechts ab. Hinter dem Stadion geht es wieder weiter durch Felder und Wiesen auf einer asphaltierten Straße. Schließlich passieren wir rechter Hand ein Gatter mit Rehen und anderem Rotwild und linker Hand die Oberwaldhalle Rauental sowie den danebenliegenden Fußballrasenplatz. Mit dem Stadion ist auch der Ortsrand von Rauental erreicht, das zu Rastatt gehört.

Von Bühl nach Durlach

1 Das stattliche Residenzschloss der Markgrafen von Baden-Baden ist als älteste Barockresidenz am Oberrhein das Wahrzeichen von **Rastatt** (www.rastatt.de). Nach dem Versailler Vorbild wurde das 1698 erbaute Jagdschloss ab dem Jahr 1700 zu einer repräsentativen Residenz ausgebaut. Heute befinden sich im Erdgeschoss des Hauptbaus die Erinnerungsstätte für die Freiheitsbewegungen in der deutschen Geschichte sowie das Wehrgeschichtliche Museum. In der Beletage befinden sich Prunkräume wie der Ahnensaal. Neben dem Schloss Favorite gehört sicherlich das historische Rathaus zu den weiteren Blickfängen der 47 000 Einwohner zählenden Barockstadt. Eine Besonderheit ist ferner die barocke Pagodenburg. Das einstige Teehaus der markgräflichen Familie wurde 1722 nach Plänen von Hofbaumeister Johann Michael Ludwig Rohrer inmitten einer herrlichen Gartenanlage auf der Hochterrasse der Murg angelegt. Heute finden darin in den Sommermonaten Ausstellungen heimischer Künstler statt.

Es geht weiter geradeaus, auf der Straße Am Vogelsand. → Wo diese zu Ende ist, biegen wir links in die Hauptstraße ab. → Wir setzen den Weg geradeaus fort. Schließlich passieren wir rechter Hand die katholische Kirche St. Anna. → An der dritten Möglichkeit biegen wir rechts ab, in die Federbachstraße und passieren schließlich links den Friedhof des Ortes. Vorbei am Friedhofsparkplatz geht es wieder auf einem land- und forstwirtschaftlichen Nutzweg, der asphaltiert ist, hinaus aus der Ortschaft.

3 km

Wo der Weg sich gabelt, nehmen wir den linken Weg und fahren unter der Bundesstraße B462 hindurch. → Nach dem Tunnel biegen wir an der T-Kreuzung rechts ab. Der Weg führt nun mitten über den Murgtal-Campingplatz, den wir geradeaus durchschneiden. Danach führt uns eine asphaltierte Piste wieder durch Felder und Wiesen und an einem Waldrand vorbei. → An der nächsten Kreuzung setzen wir unseren Weg geradeaus fort. Die Straße, über die wir nun rollen, heißt Schafhof. Rechter Hand passieren wir riesige Pferdekoppeln, schräg gegenüber liegt die »Reiterstube«, eine gastronomische Einrichtung, die auch Radfahrern offen steht – allerdings zumeist nur an Wochenenden. Schließlich erreichen wir mit Muggensturm die nächste Ortschaft.

Durch das badische Weinland

1 Das Rathaus von **Muggensturm** (www.muggensturm.de) ist nicht nur einer der größten Blickfänge der 6200 Einwohner zählenden Stadt, sondern weist auch eine Besonderheit auf: Hier wurde im Jahr 2005 das sogenannte Muggensturmer Bürgerband (www.buergerband.de) installiert, ein ebenso ungewöhnliches wie faszinierendes Fotoalbum der Gemeinde. Journalist Anton Jany hatte eigens für das Bürgerband mehr als 2300 Muggensturmer Bürger fotografiert und die Porträts auf Keramikkacheln aufgebracht. Diese zieren nun wie ein Band die Gänge des Verwaltungssitzes. Im Naturfreibad Kaltenbachsee besteht die Möglichkeit, am Strand ein wenig auszuruhen oder ein erfrischendes Bad zu nehmen.

Von Muggensturm nach Durlach

5 km

Wenn der Schafhof auf die Hauptstraße trifft, → überqueren wir diese geradeaus und folgen der Karlsruher Straße. Ungefähr einen Kilometer weiter, kurz bevor die Karlsruher Straße auf die L67 trifft, → biegen wir links ab auf den Radweg, der linker Hand, sozusagen Richtung Gegenverkehr, verläuft. → Nach 50 Metern kreuzen wir dann die Landstraße (die hier nun auch Karlsruher Straße heißt), → um geradeaus durch das Wohngebiet weiterzufahren. Das heißt, wir biegen dann vom Radweg aus rechts ab, über die Straße hinüber. Dort steht auch wieder eine Christusfigur am Kreuz. Wir fahren durch die Wohnstraße Am Federbach. Der Weg bringt uns aus Muggensturm hinaus und wieder über einen landwirtschaftlichen Nutzweg, der von Bäumen gesäumt wird.

Linker Hand liegt ein Baggersee, rechter Hand passieren wir ein großes Sumpf- und Auengebiet. Der erste Abzweig wird ignoriert; → erst wenn sich der Weg gabelt, → nehmen wir den rechten der beiden Wege. Dieser wird schließlich zum Speckacker. → Wenn wir dann auf eine T-Kreuzung treffen, fahren wir rechtsherum. Die Straße, die wir entlangfahren, heißt Jahnstraße.

Der Radweg verläuft rechts neben der Straße, durch einen Parkstreifen getrennt. Bald ist die nächste Orschaft, Malsch, erreicht. → An der ersten T-Kreuzung, wo rechts auch ein Kruzifix steht, biegen wir links ab in die Neudorfstraße. → Nach 30 Metern fahren wir wieder links auf den Weg, der hier erneut

Von Bühl nach Durlach 6

Am Federbach heißt, und folgen ihm zwischen den Häusern etwas abseits der Straße. An dieser Straße liegt auch das Fahrradgeschäft Zweirad Hirth.

i Gleich drei Museen kann die Kleinstadt **Malsch** (www.malsch.de) aufweisen. Da ist zum einen die gut 500 Jahre alte Stadtmühle Malsch, deren Mahlwerk noch heute funktionsfähig ist, da ist zum anderen das Schindlermuseum (www.schindlerhaus.de), das dem Leben und Werk des 1870 in Malsch geborenen Malers und Pädagogen Theodor Schindler gewidmet ist. Komplettiert wird die Museumslandschaft der 14 500-Seelen-Gemeinde durch das Heimatmuseum Völkersbach (www.heimatverein-voelkersbach.de). Dieses widmet sich vornehmlich dem Schneiderhandwerk. Hintergrund ist die Tatsache, dass in dem Dorf 1939 nicht weniger als 70 Schneider ihrem Beruf nachgingen – und dies bei einer damaligen Bevölkerungszahl von 913. Sie fertigten insbesondere Uniformen.

6 km

Am Ende der verkehrsberuhigten Zone von Malsch treffen wir wieder auf die Straße und → biegen links auf die Neudorfstraße ab. Wir kommen nun an eine beampelte Kreuzung und → überqueren die Adlerstraße geradeaus. Wir fahren über die Beethovenstraße Richtung Ortsende. → Unmittelbar hinter dem letzten Haus geht es rechts auf den dort beginnenden Radweg. Er verläuft nun wieder parallel zur Straße, durch einen Grünstreifen von dieser getrennt. Die Landstraße, an der wir entlangfahren, ist die L 607. Es folgt eine kleine Steigung, gefolgt von einer kleinen Abfahrt und dann, etwas weiter, einer weiteren kleinen Steigung. Diese zieht sich relativ flach über knapp 200 Meter. → Wenn es dann rechts nach Sulzbach geht, fahren wir weiter geradeaus Richtung Ettlingen.
Die Ortseinfahrt nach Oberweier ist dann auch das nächste kleinere Etappenziel, das wir passieren. Links liegt nun das Industriegebiet des Ortes, das eigentliche Örtchen folgt auf der rechten Seite. Zum Ortszentrum gelangt man, → wenn man rechts in die Etogesstraße abbiegt. Hier gilt es nun, eine etwa 200 Meter lange Steigung zu nehmen. → Wenn wir auf den Kreisverkehr treffen, → überqueren wir diesen geradeaus, um den Weg auf der Straße fortzusetzen. → Schließlich biegen wir an der Römerstraße rechts nach Ettlingenweier ab und folgen

6 Durch das badische Weinland

weiter dem Radweg parallel zur Straße. Nach knapp 200 Metern endet der Radweg und man muss den Weg auf der Römerstraße fortsetzen. → An der Kreuzung Rosenstraße und Römerstraße fahren wir weiter geradeaus.

 Als Stadtteil von Ettlingen weist **Ettlingenweier** eine eher dörfliche Struktur auf. Entlang der verwinkelten Straßen und Gassen sind knapp 3000 Einwohner zu Hause. Markantestes Bauwerk ist die Barockkirche St. Dionysius.

2 km ↓

An der nächsten Möglichkeit biegen wir dann rechts in die Morgenstraße ab. → Weiter geht es links in die Scheibenhardter Straße, dort ist es auch Richtung Friedhof ausgeschildert. Wir setzen unseren Weg geradeaus fort. Rechts neben der Straße verläuft nun wieder ein kombinierter Rad- und Fußweg. Schließlich wird die Scheibenhardter Straße zur Middelkerker Straße.

Nach einem knappen Kilometer entlang der Middelkerker Straße ist das Ortseingangsschild von Ettlingen erreicht. Rechter Hand passieren wir den Hohrbachpark. Die Middelkerker Straße geht schließlich in die Baptist-Göring-Straße über. →Wir treffen auf die Schlossgartenstraße, die wir geradeaus überqueren. Von hier sind es bis zur Stadtmitte von Ettlingen noch 300 Meter.

Die Straße, in die wir nun hineinfahren, ist die Türkenlouisstraße. → Wenn wir auf die Sybillastraße treffen, überqueren wir diese geradeaus, um dann über die Schienen und durch ein historisches Tor zu fahren. Rechts liegt der Bahnhof von Ettlingen. → Wir kommen nun auf den Kutschenplatz, wo man ein paar Stufen bewältigen muss. Eine Schiebeschiene für Fahrräder ist vorhanden. Links liegt die Schlossgartenhalle und wir können mithilfe einer kleinen Rampe auf den Vorplatz der Halle gelangen. → Vor dem Schlossmuseum biegen wir rechts ab, vorbei an einem Brunnen – dem Narrenbrunnen.

 Dominiert wird die historische Altstadt von **Ettlingen** (www.ettlingen.de) vom Markgräflichen Schloss. Errichtet wurde das Ettlinger Schloss zwischen 1727 und 1733 nach Plänen von Johann Michael Ludwig Rohrer. Markantester Gebäudeteil ist der Asam-

Von Bühl nach Durlach

saal mit seinen prachtvollen Deckenmalereien. Im Schloss untergebracht ist heute auch das Museum Ettlingen, das sich mit Wechselausstellungen zu einer Vielzahl an Themen einen Namen gemacht hat. Das prächtige Schloss ist auch alljährlich in den Sommermonaten Schauplatz der Ettlinger Schlossfestspiele, bei denen unter freiem Himmel Theaterstücke und Musicals zur Aufführung kommen.

Ein beliebtes Fotomotiv bildet auch das historische Rathaus. Der Verwaltungssitz wurde 1738 fertiggestellt. Deutlich älter noch ist der Rathausturm. Dieser stammt aus dem 13. Jahrhundert und war ursprünglich ein Stadttor, ehe er im 18. Jahrhundert mit dem Rathaus verbunden wurde. Von der einstigen Stadtmauer sind heute übrigens nur einzelne Abschnitte sowie der Lauerturm noch erhalten. Zu den Sehenswürdigkeiten der 38 000-Seelen-Gemeinde zählen ferner der spätgotische Georgsbrunnen aus dem Jahr 1494 sowie die katholische St.-Martins-Kirche, deren Fundament auf den Ruinen eines römischen Bades aus dem 2. Jahrhundert steht.

Wir schieben entlang der Marktstraße durch die Fußgängerzone, links liegt das Rathaus. Dann fahren wir durch das Stadttor über die Albbrücke. Mitten auf der Brücke steht eine barocke Statue, ein Denkmal für den heiligen Nepomuk. Links und rechts bietet sich entlang der Alb, die bei Karlsruhe in den Rhein mündet, ein herrliches Panorama mit zahlreichen Brücken.

6 km

Wir kreuzen die Albstraße, nachdem wir über die Brücke gefahren sind, fahren weiter über die Kronenstraße, die ebenfalls Fußgängerzone ist, → und überqueren die Seminarstraße geradeaus. Direkt vor einer Kirche treffen wir auf die Pforzheimer Straße, die wir ebenfalls geradeaus queren. Nun folgen wir der Durlacher Straße. Rechts neben der Straße verläuft ein kombinierter Fußgänger- sowie Radweg.

Wo wir auf einen Kreisverkehr treffen, → fahren wir weiter geradeaus und folgen der Durlacher Straße. Linker Hand passieren wir die ehemalige Ettlinger Kaserne, in der heute unter anderem Konzerte stattfinden. Vorbei an einer kleinen Kapelle zur Rechten geht es auf dem Radweg direkt an der Straße wieder hinaus aus Ettlingen. → Schließlich biegen wir links in die Alexiusstraße ab und → dann sofort wieder rechts

6 Durch das badische Weinland

auf einen Radweg. → Anschließend überqueren wir die Zufahrt zu einer Schnellstraße geradeaus, um dann parallel zur Landstraße links (quasi gegen den Verkehr) weiterzufahren. → Mithilfe einer Brücke überqueren wir die Bundesstraße B3. → Dann muss erneut eine Auffahrt auf die Schnellstraße B3 überquert werden, um weiter geradeaus auf dem Radweg zu fahren.

→ Nach etwa 150 Metern halten wir uns auf dem linken Weg. Der Radweg verläuft nun wieder parallel zur Landstraße. Während die Landstraße gerade verläuft, ohne größere Höhen und Tiefen, muss man auf dem Radweg »ungerechterweise« ein paar Steigungen und Abfahrten meistern. Dann treffen wir, unmittelbar vor der Autobahn A8, auf eine T-Kreuzung. → Hier biegen wir rechts ab. Wir folgen dem Weg ein kleines Stück parallel zur Autobahn auf einem daneben verlaufenden Radweg. → Nach einer kleinen Steigung biegen wir links ab und unterqueren die Autobahn. Auf der anderen Seite ist Wolfartsweier erreicht. Hier endet zunächst einmal auch der Radweg und wir müssen ein Stück über die Straße fahren.

Seit 1973 ist **Wolfartsweier** (www.wolfartsweier.de) ein Stadtteil von Karlsruhe. Die einzige Besonderheit, die die kleine Gemeinde aufzuweisen hat, ist der Kindergarten an der Wettersteinstraße. Dieser wurde nach Plänen des Künstlers Tomi Ungerer in Form eines »Katzenhauses« angelegt.

1 km

Wir fahren über die Steinkreuzstraße. An der beampelten Kreuzung, wo es rechts zum Freibad geht, → geht es weiter geradeaus. → An der zweiten Ampel biegen wir rechts ab in die Katzenbergstraße und → nach zehn Metern sofort links in die Hangstraße. → Dort, wo die Hangstraße rechts abknickt und zur Hellenstraße wird, fahren wir geradeaus auf dem Radweg. Wir passieren rechter Hand einen hohen Turm, treffen an eine Kreuzung und → überqueren die Tiefentalstraße geradeaus an der Ampel, um dann ein Stück entlang der Badener Straße (B3) zu fahren. → Wenn nach knapp 450 Metern rechter Hand ein Haus erscheint, müssen wir die Straße kreuzen und → links in die gegenüberliegende Anliegerstraße einbiegen. Rechter Hand kommen wir kurz darauf an dem Sportgelände und der

Von Bühl nach Durlach 6

Sportgaststätte der TG Aue vorbei. Die Gaststätte samt Biergarten steht auch Radlern offen.

› Abstecher nach Karlsruhe

Wer möchte, kann hier links Richtung Karlsruhe abbiegen. → Wir biegen dazu hinter dem Sportgelände an der ersten Möglichkeit links ab und folgen der Brühlstraße. → Diese überqueren wir, um geradeaus über die Ostmarkstraße weiterzufahren, → überqueren die Kärntner Straße und die Westmarkstraße und fahren weiter auf der Ostmarkstraße geradeaus. → Es geht über einen unbeschrankten Bahnübergang, um weiter geradeaus über die Ostmarkstraße zu fahren. Wir kommen schließlich an eine Ampel an der Feduciastraße. → Auch hier fahren wir geradeaus rüber und dann weiter auf dem rechts neben der Ostmarkstraße gelegenen Fuß- und Radweg. Die Ostmarkstraße wird nun zur Wachhausstraße. Wir setzen unseren Weg weiter in das als Sackgasse ausgezeichnete Wegstück fort. → Schließlich biegen wir an der zweiten Möglichkeit rechts in den Geißenrainweg ab. Von hier sind es bis Karlsruhe Zentrum noch drei Kilometer. Hier ist es auch ausgeschildert zum Kleintierzuchtverein C4 Durlach-Aue. Es geht nun auf einer asphaltierten Straße zwischen Kleingärten und Wohnhäusern entlang. → Wenn die Straße nach 400 Metern auf ein T-Stück trifft, biegen wir unmittelbar vor der Autobahn A5 rechts ab, → um dann nach 30 Metern links unter der Autobahnbrücke hindurchzufahren.

9 km hin und zurück

Radfahrer auf dem Marktplatz von Karlsruhe

Unmittelbar danach beginnt auch wieder ein kombinierter Rad- und Fußweg, der schließlich in einen separierten Radweg übergeht. Nun führt uns der Weg durch ein Gewerbegebiet mit zahlreichen Autohändlern und -zulieferern. Die Straße durch das Industriegebiet heißt Ottostraße. → Wir biegen an der Wolfartsweierer Straße rechts ab. Eine Brücke führt uns nun im großen Bogen über ein Netz von Schienen. Der Weg führt par-

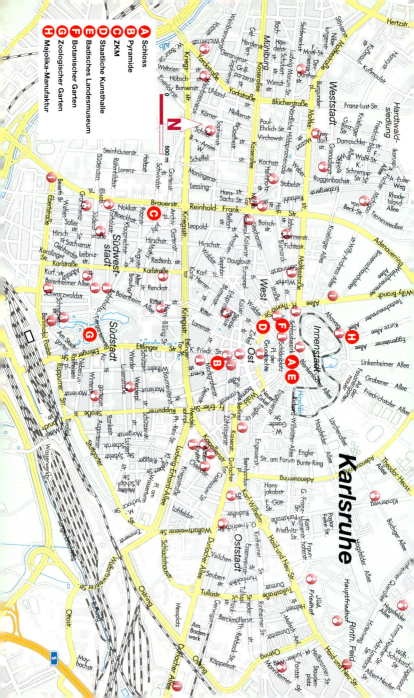

Von Bühl nach Durlach

allel zur Bundesstraße B10 zum Zentrum. Schließlich geht es unter einer Eisenbahnbrücke hindurch. → An der Ampel queren wir den Ostring und fahren weiter parallel zur Wolfartsweierer Straße auf dem Radweg.

An einem großen Kreisverkehr erscheint halb rechts Schloss Gottesaue, das heute Sitz der Hochschule für Musik (www.hfm-karlsruhe.de) ist. → Wir umrunden den Kreisverkehr und fahren dann quasi so, als ob wir links abgebogen wären, parallel auf der Kriegsstraße, die dann zur Ludwig-Erhard-Allee wird, weiter Richtung Zentrum. Linker Hand passieren wir die markanten Gebäude der Landesbank Baden-Württemberg. → An der Kreuzung mit der Fritz-Erler-Straße beziehungsweise Rüppurrer Straße, die zum Innenstadtring gehören, fahren wir weiter geradeaus. Nun endet der Radweg für ein kleines Stück, und wir müssen etwas auf der Straße fahren. → Am Ettlinger Torplatz biegen wir an der Ampel rechts ab in die Karl-Friedrich-Straße, folgen dem Verlauf der Karl-Friedrich-Straße, → überqueren den Rondelplatz geradeaus und sehen vor uns nun schon den Turm des Karlsruher Schlosses. Schließlich erreichen wir den Marktplatz mit dem Rathaus zur Linken und einer kleinen Pyramide direkt vor uns. → Am Ende des Marktplatzes überqueren wir die Kaiserstraße und setzen unseren Weg auf der Karl-Friedrich-Straße geradeaus fort. Achtung – hier kreuzen zahlreiche Straßenbahnen den Weg! → Weiter fahren wir über die Straße Zirkel auf den Platz der Grundrechte. Vor uns erscheint das Schloss. Am Karl-Friedrich-Denkmal vor dem Schloss endet die Tagesetappe.

i Als drittgrößte Stadt in Baden-Württemberg besticht **Karlsruhe** (www.karlsruhe-tourism.de) als einstige Hauptstadt des ehemaligen Landes Baden durch eine Vielzahl bemerkenswerter Bauwerke und Einrichtungen. So ist die 290 000 Einwohner zählende Gemeinde seit den frühen 1950er-Jahren Sitz des Bundesgerichtshofs und des Bundesverfassungsgerichts.

Der Legende nach kam Markgraf Karl Wilhelm von Baden eines Nachts im Schlafe die Idee, eine sternförmig angelegte Stadt errichten zu lassen. Und die Vision der Fächerstadt sollte in Karlsruhe Wirklichkeit werden. Am 17. Juni 1715 schließlich erfolgte die Grundsteinlegung für das **Fürstliche Schloss (A)**, das noch heute mit

6 Durch das badische Weinland

Das fürstliche Schloss der Fächerstadt Karlsruhe

seinem Schlossplatz und dem frei zugänglichen Schlossgarten zu den größten Attraktionen der Stadt zählt. Vom Schlossturm aus laufen 32 Straßen und Alleen geradewegs wie die Strahlen der durch das Schloss verkörperten Sonne sternförmig ab, wobei sich die Karlsruher Innenstadt nach Süden hin anschließt.

Einen besonderen Blickfang auf dem neoklassizistischen Marktplatz bildet das **Grabmal des Stadtgründers Karl Wilhelm von Baden** (B) in Form einer Pyramide. An dem zentralen Platz liegen mit dem Rathaus aus dem Jahr 1825 sowie der klassizistischen Stadtkirche von 1815 zwei Meisterwerke von Friedrich Weinbrenner. Der Architekt zeichnet auch für den Bau der Pfarrkirche St. Stephan verantwortlich, die als einer der bedeutendsten klassizistischen Kuppelbauten Süddeutschlands gilt.

Als weltweit einmalig gilt das **Zentrum für Kunst- und Medientechnologie** (C) (www.zkm.de). Das ZKM versucht, über interaktive, erlebnisorientierte Installationen die Besucher in seinen Bann zu ziehen. Zu den Trägern des kulturellen Lebens zählen daneben die **Staatliche Kunsthalle** (D) (www.kunst-

> **tipp Keramik aus Meisterhand**
>
> Wer Keramik aus Meisterhand und die Kreativschmiede Majolika erleben möchte, der muss nur den blauen Keramikfliesen, die quer durch den Karlsruher Schlosspark führen, folgen und gelangt unwillkürlich zur **Staatlichen Majolika Manufaktur** (H) (www.majolika-karlsruhe.com). Seit 100 Jahren steht die Karlsruher Keramikwerkstatt für eine erfolgreiche Verknüpfung kunsthandwerklicher Tradition und innovativen Kunstverständnisses. In dem Keramik-Shop finden Liebhaber neben kunstvollen Tierfiguren und Fliesen auch einmalig schöne Tassen, Kerzenleuchter usw.

Von Bühl nach Durlach

halle-karlsruhe.de) mit ihren europäischen Meisterwerken des 14. bis 20. Jahrhunderts, das **Badische Landesmuseum** (E) (www.landesmuseum.de) mit seinen Exponaten von der Früh- und Urgeschichte bis hin zur Gegenwart sowie das renommierte Badische Staatstheater (www.staatstheater.karlsruhe.de), in dem neben klassischem Schauspiel Opern, Ballett und Konzerte zur Aufführung kommen. Und während der **Botanische Garten** (F) (www.botanischer-garten-karlsruhe.de) mit seiner riesigen Pflanzenvielfalt und den Schauhäusern mit tropischen Pflanzen und Kakteen teilweise für südländisches Flair sorgt, erfreut sich im **Zoologischen Stadtgarten** (G) (www.karlsruhe.de/zoo) insbesondere das Eisbärengehege großer Beliebtheit – obschon hier mehr als 150 Tierarten und mehr als 1000 Tiere zu Hause sind.

Zwei der berühmtesten Söhne der Stadt machten sich übrigens mit bahnbrechenden Erfindungen einen Namen: Freiherr von Drais entwickelte mit der Draisine den Vorläufer des modernen Fahrrads und Karl Benz eines der Prunkstücke der Automobilindustrie. ◂

1 km

Wer nicht nach Karlsruhe abbiegen, sondern direkt weiter nach Durlach möchte, fährt am Sportgelände und der Sportgaststätte der TG Aue einfach geradeaus zwischen Schrebergärten hindurch. Es geht nun weiter zwischen Kleingartenanlagen hindurch auf einem asphaltierten Weg. → Er trifft schließlich auf die Grenzstraße, und wir setzen unsere Tour weiter geradeaus fort. Die Straße, über die wir nun fahren, ist die Basler-Tor-Straße. → Wenn wir auf eine Ampel treffen, fahren wir weiter geradeaus über die Rommelstraße rüber. Auch hinter der Kreuzung heißt die Straße Basler-Tor-Straße. → Wenn diese auf die Gärtnerstraße trifft, überqueren wir diese geradeaus und erreichen die Innenstadt von Durlach, wo es gleich durch ein schönes Stadttor hindurchgeht.

Nachdem wir das Baseler Tor durchfahren haben, → biegen wir an der Kelterstraße sofort links ab. Linker Hand fällt der Turm der St.-Peter-und-Paul-Kirche mit einem großen und vier kleinen Türmchen in den Blick. Das Gotteshaus wurde zwischen 1898 und 1900 nach Plänen von Max Meckel errichtet. Auf dem Kopfsteinpflaster wird man kräftig durchgeschüttelt. An der Ecke Kelterstraße und Pfinztalstraße endet die Tagesetappe mit der Haupteinkaufsstraße von Durlach zur Rechten.

7 Durch das badische Weinland

Von Durlach nach Bruchsal

Durlach – Weingarten – Untergrombach – Bruchsal

  leicht  22 km 258,5 km 2 Std.

Ausgangspunkt der heutigen Etappe ist das quirlige Marktstädtchen Durlach, ein Stadtteil von Karlsruhe, mit seinen bunten Fassaden und netten Cafés. Dann geht es hauptsächlich auf wenig befahrenen landwirtschaftlichen Nutzwegen Richtung Bruchsal. Einzige wirkliche Abwechslung ist unterwegs ein großer Badesee, der zu einem erfrischenden Sprung ins kalte Nass einlädt. Abschnittsweise geht es am Waldrand entlang, störender Autoverkehr ist auf diesem Abschnitt zum Glück nicht anzutreffen, und je nach Jahreszeit kommt man an spektakulär roten Mohnfeldern vorbei. Dann geht es erneut an einem Badesee vorbei und auf einem gut befahrbaren Waldweg durch einen herrlich dichten Urwald.

Blühende Landschaften bei Weingarten

etappe auf einen Blick

km 0	Durlach, weiter über Weingarten und vorbei am einladenden Badesee nach
km 15	Untergrombach. Nach Verlassen des Ortes geht es zunächst durch ein Waldstückchen, dann direkt am Ufer eines Badesees vorbei und schließlich ein Stück weit durch den ursprünglichen »Bannwald« und weiter nach
km 22	Bruchsal, Zielort ist an der Lutherkirche erreicht

Von Durlach nach Bruchsal 7

tour kompakt

Tourencharakter
Höhepunkt dieser Etappe ist Bruchsal mit seinem barocken Schloss. Dazwischen warten nicht viele Höhepunkte auf den Radfahrer, der sich überwiegend auf forstwirtschaftlichen Nutzwegen bewegt sowie auf gut ausgebauten Radwegen.

Ausgangspunkt
Durlach.

Endpunkt
Bruchsal.

Anreise
Bahn: In Durlach halten Regionalbahnen. In Bruchsal verkehren neben S-Bahnen auch Intercityzüge.
Auto: Durlach ist über die A5 Karlsruhe–Basel, Ausfahrt Karlsruhe-Durlach ebenso bequem zu erreichen wie Bruchsal (Ausfahrt Bruchsal). Parken: Zentral gelegene Parkplätze in Durlach sind in der Gritznerstr. 5 und in der Pfinzstr. sowie Blumentorstr.. In Bruchsal kann am Schloss und in der Tiefgarage Bürgerzentrum geparkt werden. An der Prinz-Wilhelm-Str. stehen 600 Stellplätze kostenfrei zur Verfügung.

Wegmarkierung
Rheintal-Weg (weißer Radfahrer auf grünem Grund mit Schriftzug »Rheintal-Weg«).

Essen und Trinken
Bruchsal: Brauhaus Wallhall, Am Kübelmarkt 8, Tel. 07251/721 30, www.brauhaus-wallhall-bruchsal.de; Schlosscafé Bruchsal, Im Schlossraum 1, Tel. 07251/84 29 3, www.schlosscafe-bruchsal.de (Blick auf das Schloss); Gasthof Zum Bären, Schönbornstr. 28, Tel. 07251/886 27, www.baeren-bruchsal.de (direkt am Schloss, Küche für gehobene Ansprüche, Wild- und Fischspezialitäten, Terrasse).

Übernachtung
Bruchsal: Brauhaus Wallhall, Am Kübelmarkt 8, Tel. 07251/721 30, www.brauhaus-wallhall-bruchsal.de; Hotel Ratskeller, Kaiserstr. 68, Tel. 07251/71 23 0, www.ratskeller-bruchsal.de (familiäres Hotel in der Fußgängerzone); Campingplatz der Naturfreunde Bruchsal, Karlsruher Str. 215, Tel. 0171/2759194, www.naturfreundehaus-bruchsal.de (an der B3 Richtung Untergrombach b. Naturfreundehaus).

Werkstätten
Bruchsal: Radgalerie, Kinzigstr. 3, Tel. 07251/136 00.

Tourist-Info
Bruchsal: Bruchsaler Tourismus, Marketing- und Veranstaltungs-GmbH, Am Alten Schloss 2, Tel. 07251/505 94 60, www.bruchsal-erleben.de

7 Durch das badische Weinland

Von Durlach nach Untergrombach

ℹ️ Im Osten von Karlsruhe liegt mit **Durlach** (www.durlacher.de und www.durlach-info.de) ein Stadtteil, der bis zur Eingemeindung im Jahr 1938 selbstständig war. Heute gibt sich die 30 000-Seelen-Gemeinde als Stadt in der Stadt mit der Pfinztalstraße als Haupteinkaufsareal. Dort grenzt auch die 1565 als Residenz des Markgrafen Karl II. errichtete Karlsburg an. Heute beherbergt das Durlacher Schloss unter anderem das Pfinzgaumuseum, das sich der Geschichte Durlachs widmet, das Badische Konservatorium sowie die Stadtteilbibliothek. Sehenswert sind daneben die Stadtkirche Durlach, die regelmäßig auch zur Bühne für weltliche Konzerte wird, das Basler Tor aus dem 14. Jahrhundert sowie die Reste einer mittelalterlichen Burganlage auf dem Turmberg.

🚴 15 km ↓

Startpunkt für die Etappe von Durlach nach Bruchsal ist die Ecke Kelterstraße und Pfinztalstraße. ➔ Wenn die Kelterstraße auf die Pfinztalstraße trifft, überqueren wir diese geradeaus. Die Straße, die wir entlangfahren, ist die Bienleinstorstraße. Wer nach Karlsruhe fahren möchte, aber nicht das Rad nehmen mag, der kann hier die Straßenbahn benutzen.
Die Bienleinstorstraße säumen schöne alte Häuser, die zum Teil mit Efeu berankt sind. ➔ Nach knapp 200 Metern Fahrt geht es links in die Lederstraße und ➔ dann nach etwa 50 Metern sofort wieder rechts in die Seboldstraße. Wenn wir wieder auf die Pfinztalstraße treffen, ➔ überqueren wir diese geradeaus, ➔ um schräg gegenüberliegend in der Hubstraße weiterzufahren.
Wir überqueren die Waldshuther Straße und fahren weiter geradeaus, den Berg hoch auf die Brücke. ➔ Nachdem wir die Eisenbahnbrücke überquert haben, ➔ biegen wir rechts ab. Schwungvoll geht es nun parallel zur Eisenbahnlinie vorbei an Kleingartenanlagen den Berg hinunter. Wir unterqueren wieder eine Eisenbahnlinie und ➔ fahren dann an der Gabelung sofort rechts. Hier gilt es, einen kleinen Anstieg zu meistern. ➔ Nach dem knapp 200 Meter langen Anstieg treffen wir auf eine Straße – dort biegen wir links ab. Wir müssen nun wieder ein kleines Stück Straße, die Alte Weingartener Straße, fahren, um an der nächsten Brücke unter der Schnellstraße, der Bundesstraße B10, hindurchzufahren.

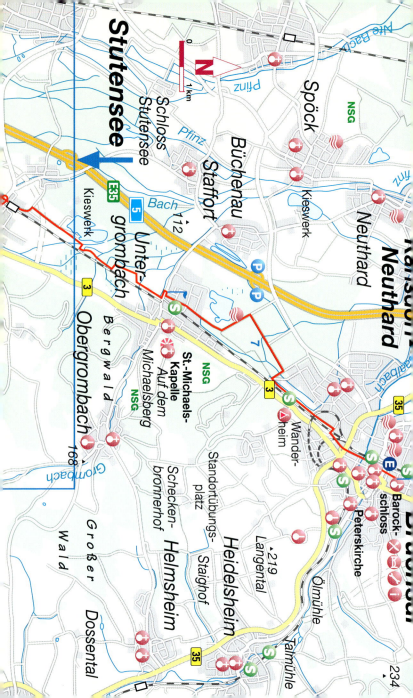

Von Durlach nach Bruchsal

➜ Wenn wir auf eine abknickende Vorfahrt treffen, fahren wir weiter geradeaus. ➜ Wir überqueren einen Flusslauf und kommen an eine nach rechts abknickende Vorfahrtstraße, ➜ wo wir geradeaus in den forstwirtschaftlichen Nutzweg fahren. Der Weg ist auch Richtung Wertstoffstation ausgeschildert. Etwa 100 Meter, nachdem wir die Wertstoffstation passiert haben, gabelt sich der Weg. ➜ Wir nehmen den linken und folgen der Strecke Richtung Bruchsal. Es geht nun vorbei an Kleingärten. Ab Tageskilometer 2,6 verläuft der Weg parallel zur Straße auf einem gesonderten Radweg, der durch eine Leitplanke abgesichert ist. ➜ Wenn der Radweg auf die Bruchwaldstraße trifft, biegen wir links ab, um auf dem Radweg weiterzufahren. Dort ist auch das Sportzentrum Grötzingen erreicht.
Der Weg führt wieder einmal durch Felder und Wiesen. Zahlreiche Obstbäume gedeihen zwischen Radweg und Straße auf dem Grünstreifen. Wir passieren rechter Hand nun die Tennisanlage des TC Grötzingen, wobei der Radweg nun in eine Schotterpiste übergeht. An einem Parkplatz hinter der Tennisanlage endet der Radweg und ➜ wir setzen unsere Tour auf der Bruchwaldstraße zwischen schattigen Wäldern und Bäumen fort. Nach einem weiteren Parkplatz zur Linken erreichen wir wieder einen forstwirtschaftlichen Weg, der asphaltiert ist und ➜ den wir geradeaus weiterfahren. Wenn wir auf eine T-Kreuzung treffen, ➜ biegen wir links in die Straße Im Stalbühl ab. ➜ Nach knapp 100 Metern biegen wir dann vor dem Wald sofort rechts ab.

In Bruchsal Auge in Auge mit Friedrich Großherzog von Baden

Direkt neben einem Stromhäuschen, das ein wenig wie ein Turm aussieht, treffen wir auf die nächste Wegekreuzung. ➜ Dort biegen wir rechts ab. ➜ An der nächsten T-Kreuzung inmitten der Felder biegen wir links ab. ➜ Nach knapp 300 Metern kommt die nächste Kreuzung; hier heißt es rechts abbiegen. Bald danach ist Weingarten erreicht.
Wir fahren geradeaus weiter über den Dresdner Ring und ➜ den kleinen Kreisverkehr, ➜ überqueren die Stettiner

7 Durch das badische Weinland

Straße und fahren weiter geradeaus, vorbei an der Berliner Straße. Die Straße wird schließlich zur Königsberger Straße – ➔ an deren Ende wir links abbiegen. Hier gibt es keinen Radweg, und es gilt, auf der Ringstraße zu fahren. ➔ An der zweiten Möglichkeit biegen wir rechts ab in die Kanalstraße. Hier ist auch der Weg zur Post ausgeschildert. An der Route in Weingarten befinden sich ein Backshop und verschiedene gastronomische Einrichtungen sowie eine Metzgerei.

➔ Am Ende der Kanalstraße biegen wir links ab in die Bahnhofstraße. Von hier sind es 700 Meter bis zum Bahnhof. Es gibt einen Supermarkt und auch ein paar andere Geschäfte entlang der Straße. ➔ Kurz bevor die Bahnhofstraße auf eine abknickende Vorfahrt trifft, biegen wir rechter Hand wieder auf den Radweg ab ➔ und setzen unseren Weg geradeaus fort. Wir unterqueren mittels zweier Brücken den Bahnhof von Weingarten, ➔ um dann nach links abzubiegen. Dort ist es auch Richtung Baggersee ausgeschildert.

Wenn wir dann auf eine abknickende Vorfahrt treffen, ➔ biegen wir links ab. Nun passieren wir abermals den Bahnhof, der nun rechts liegt. Die Werner-Siemens-Straße führt uns durch ein Industriegebiet. ➔ Bei der Spedition Born nehmen wir dann den linken Abzweig. ➔ Nach knapp 100 Metern biegen wir an der Kreuzung rechts ab Richtung »Restaurant am See« und Kieswerk. Der Weg heißt Sandfeld. Durch Felder hindurch nähern wir uns dem Kieswerk. Schließlich erscheint linker Hand die Einfahrt zum Baggersee von Weingarten. Hier bietet sich eine gute Gelegenheit zum Baden und Relaxen am Ufer des Sees.

➔ Unmittelbar vor dem Kieswerk geht es rechts durch eine kleine Schranke, entlang des Zaunes, der das Kieswerk umzäunt. Fahren Sie hier nicht scharf rechts über einen geschotterten Feldweg! Der Untergrund wechselt von asphaltiert zu einer schotterigen Piste. Rechts liegt die Eisenbahnlinie, auf der linken Seite ziehen Felder am Radler vorbei. Bald geht es auf Schotterwegen durch ein beschattetes Waldstück, dann weiter zwischen Wald- und Feldrand. Rechter Hand liegt das Schützenheim Untergrombach.

Über den Rötzenweg erreichen wir Untergrombach und ➔ biegen an der T-Kreuzung links ab in die Büchenauer Straße. Wir passieren einen Parkplatz, treffen auf eine Vorfahrtstraße und

Von Durlach nach Bruchsal 7

→ biegen dort links auf der anderen Straßenseite auf den Radweg ab.

🛈 Mit seinen knapp 6000 Einwohnern avanciert **Untergrombach** zum größten Stadtteil von Bruchsal (www.bruchsal.de). Das Fleckchen am Fuße des 296 Meter hohen Michaelsberges wurde im Jahr 789 erstmals urkundlich erwähnt. Die Geschichte von Untergrombach wird in dem kleinen Heimatmuseum, das im prächtigen Firstsäulen-Ständerhaus von 1428 untergebracht ist, anschaulich aufbereitet. Derweil ist Bauernführer Joß Fritz ein sehenswerter Brunnen gewidmet.

Unten: Barocke Ausblicke in Bruchsal

Von Untergrombach nach Bruchsal

Knapp 100 Meter später, an der Ampel, biegen wir dann links in die Joß-Fritz-Straße ab. Dort liegt auf der rechten Seite ein großer Supermarkt. Wir folgen der Straße, passieren ein Schulareal auf der linken Seite und eine große Sportplatz- und Hallenanlage auf der rechten Seite. Rechter Hand passieren wir schließlich die Tennisanlage des TC Blau-Weiß Untergrombach. → Der Weg setzt sich hinter einer Schranke geradeaus an einem Waldstückchen fort. Wir fahren nun am Parkplatz des örtlichen Badesees vorbei. An dessen Ende geht es durch Schranken hindurch geradeaus auf einer geschotterten Piste entlang.

7 km

→ An der ersten Gabelung im Wald halten wir uns links. Der Wald, durch den wir rollen, ist ein sogenannter »Bannwald«. Er soll sich ungestört zum Urwald von morgen entwickeln und dient außerdem zu wissenschaftlichen Forschungszwecken. Passanten werden gebeten, keine Pflanzen zu sammeln, keine Früchte zu pflücken und auf den Wegen zu verbleiben.

Nachdem wir eine Schranke passiert haben, → biegen wir an der nächsten Kreuzung, etwa 30 Meter weiter, rechts ab, um weiter durch den Wald zu fahren. Nach knapp 300 Metern tref-

7 Durch das badische Weinland

fen wir bei einer weiteren Schranke auf ein T-Stück. → Dort biegen wir rechts auf den asphaltierten Weg ab. Im Bogen führt uns dieser dann vorbei an Kleingartenanlagen. Danach geht es parallel zur Bahnlinie weiter Richtung Bruchsal.

Wir passieren nun den S-Bahn-Halt »Gewerbliches Bildungszentrum« bei Tageskilometer 18,9. Dieser Halt gehört schon zu Bruchsal. → Dann setzen wir unseren Weg zwischen Schienen und Schrebergärten geradeaus fort. Kurz darauf endet der Radweg. → Wir treffen auf einen beschrankten Bahnübergang, über den wir mittels der Ernst-Blickle-Straße rechts abbiegen. Kurz nachdem wir die Bahngleise überschritten haben, → geht es links auf den Radweg am Bannweideweg, unter einer Eisenbahnbrücke hindurch und dann weiter geradeaus. → Kurz bevor wir wieder auf eine Straße treffen, fahren wir links auf den Radweg, → um dann an der Ampel die Prinz-Wilhelm-Straße zu queren und → geradeaus weiterzufahren.

Das Barockschloss von Bruchsal

In einem Linksbogen geht es links hoch → und kurz bevor wir die Straße erreichen, dann rechts auf den Radweg. Unmittelbar nachdem der Radweg einen Rechtsknick gemacht hat, → biegen wir links ab, um mithilfe einer kombinierten Fußgänger- und Radfahrerunterführung unter der Straße, der Grabener Straße (B35), durchzufahren. Nach dem Tunnel setzen wir unseren Weg geradeaus auf der Straße fort. Auf der rechten Seite passieren wir das Justus-Knecht-Gymnasium. Die Straße, über die wir fahren, ist die Moltkestraße. Sie geht schließlich in die Luisenstraße über, → der wir geradeaus folgen. Unsere Tagesetappe endet an der Luisenstraße/Ecke Martin-Luther-Straße, direkt an der Lutherkirche. Das markante Gotteshaus mit dem 40 Meter hohen, eckigen Turm wurde 1936 eingeweiht.

Von Bruchsal nach Schwetzingen

Bruchsal – Kronau – St. Leon-Rot – Schwetzingen

  leicht  38,5 km 297 km 3,5 Std.

Wenn man Bruchsal verlässt, wird man ehrwürdig vom Schloss und Schlosspark, durch den man radelt, verabschiedet, bevor es durch Wohnsiedlungen und schließlich auf einer schnurgeraden, gut acht Kilometer langen Radstrecke durch einen dichten, wunderschönen Wald geht. Nach Kronau säumen je nach Jahreszeit blaue Kornblumen und rotwangige Äpfel den Weg, der schließlich mit dem Schloss von Schwetzingen ein prächtiges Etappenziel findet – allerdings nur für diejenigen, die sich den knapp zehn Kilometer langen Abstecher ins romantische Heidelberg schenken möchten.

Der liebevoll angelegte Schlossgarten in Schwetzingen

etappe auf einen Blick

km 0	Bruchsal durch den Schlosspark verlassen, nach Forst, hier durch ein Neubaugebiet, weiter über Kronau nach
km 18,5	St. Leon-Rot, es geht am St. Leoner See vorbei, durch Wälder und dann vorbei an einer Autobahnraststätte. An der S-Bahn Oftersheim abbiegen. Dann erreicht man den Ortseingang von
km 38,5	Schwetzingen. Am imposanten Schloss ist die Tagesetappe vollbracht und der Zielort erreicht

8 Durch das badische Weinland

Tour kompakt

Tourencharakter
Immer wieder führt die Route durch Wohngebiete, aber auch durch einen Wald ins nur bedingt reizvolle Kronau. Der Untergrund ist überwiegend asphaltiert. In Schwetzingen geht es an Verkehrstangenten entlang – ebenso wie beim Abstecher nach Heidelberg.

Ausgangspunkt
Bruchsal.

Endpunkt
Schwetzingen.

Anreise
Bahn: Bruchsal hat Anbindung an ICE, IC und Regionalzüge. Nach Schwetzingen fahren Regionalzüge.
Auto: Bruchsal erreicht man über die A5. Parken: Ein Parkhaus gibt es in der Kaiserstr. Schwetzingen ist über die A5, A6 bzw. A61 zu erreichen. Parken: Zentrale Parkhäuser in der Wildemann- oder Marstallstr.

Wegmarkierung
Rheintal-Weg (weißer Radfahrer auf grünem Grund mit Schriftzug »Rheintal-Weg«).

Essen und Trinken
Schwetzingen: Frankeneck, Friedrich-Ebert-Str. 36, Tel. 06202/715 30, www. frankeneck-sz.de (gutbürgerliche Küche); Lügebrückl, Hebelstr. 15, Tel. 06202/ 100 28, www.luegebrueckl-hotel-am-theater.de (gutbürgerlich); Schwetzinger Brauhaus zum Ritter, Schlossplatz 1, Tel. 06202/924, www.brauhaus-zum-ritter.de

Heidelberg: Villa Lounge, Hauptst. 187, Tel. 06221/433 28 67, www.cafevilla.de

Übernachtung
Schwetzingen: Hotel zum Erbprinzen, Karlsruher Str. 1, Tel. 06202/932 70, www.hotelzumerbprinzen.de (am Schloss); Achat Comfort Hotel, Schälzigweg 1–3, Tel. 06202/20 60, www.achat-hotel.de

Werkstätten
Schwetzingen: Bike & Fun Radshop, Karlsruher Str. 19, Tel. 06202/12 62 50.
Kronau: Zweirad La Venia, Am Einkaufszentrum 4, Tel. 07253/80 29 70, www.lavenia-kronau.de

Tourist-Info
Schwetzingen: Stadtinformation Schwetzingen, Dreikönigstr. 3, Tel. 06202/ 94 58 75, www.schwetzingen.de

Von Bruchsal nach Schwetzingen **8**

Von Bruchsal nach St. Leon-Rot

🅸 In und um **Bruchsal** (www.bruchsal.de) spielt der Spargel eine große Rolle. Die 43 000-Seelen-Gemeinde ist nicht nur eines der größten Anbaugebiete Deutschlands, sondern verfügt auch über den größten Spargelmarkt Europas. Und natürlich – wie könnte es anders sein – liegt Bruchsal (www.badische-spargelstrasse.de) auch an der Badischen Spargelstraße, die von Schwetzingen über Bruchsal nach Lichtenau-Scherzheim führt.

Mindestens genauso bekannt ist die Stadt am westlichen Rand des Kraichgaus für das Bruchsaler Schloss (www.schloss-bruchsal.de). Der Barockbau wurde ab 1720 nach Plänen des kurfürstlichen Oberbaudirektors Anselm Franz Freiherr von Ritter zu Groenesteyn errichtet. Prunkstück des Schlosses ist das von Balthasar Neumann im 18. Jahrhundert entworfene Treppenhaus. Im Bruchsaler Schloss befinden sich heute zwei Museen. So ist im Museum der Stadt Bruchsal eine große Sammlung von Gobelins und kunsthandwerklichen Arbeiten ausgestellt. Derweil vermittelt das Deutsche Musikautomaten-Museum (www.dmm-bruchsal.de) einen Überblick über die Möglichkeiten mechanischer Musikwiedergabe seit dem 18. Jahrhundert und zeigt mehr als 200 Orgeln, Klaviere und Spieldosen – darunter Raritäten wie einen selbstspielenden Flügel aus dem Besitz von Konrad Adenauer oder die für den Luxusdampfer »Titanic« vorgesehene Orgel.

Zu den Sehenswürdigkeiten der Stadt an der Saalbach, einem Nebenfluss des Rheins, zählt zudem die ebenfalls von Neumann erbaute barocke Peterskirche, die mittlerweile gut 250 Jahre alt ist.

11,5 km

Startpunkt der Tagesetappe ist an der Luisenstraße/Ecke Martin-Luther-Straße, direkt an der Lutherkirche. Wir folgen der Luisenstraße mit der Lutherkirche zur Rechten. → Dann biegen wir links in die Bahnhofstraße und → an der ersten Möglichkeit rechts in die Franz-Bläsi-Straße ab. → Wir überqueren die Kaiserstraße und die Wilderichstraße geradeaus. → Schließlich treffen wir auf den Eingang zum Schlosspark, durch den wir unseren Weg geradeaus fortsetzen. Rechts ist das prächtige Schloss zu sehen. Am Ende des Schlossparks fahren wir durch eine kleine Öffnung in der Mauer und → biegen rechts ab in die Straße Am Schlossgarten, → um dann an der

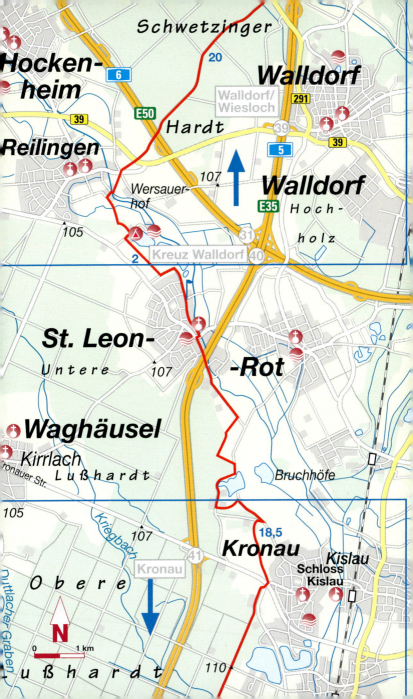

Von Bruchsal nach Schwetzingen

ersten Möglichkeit links in die Asamstraße zu fahren. → Wir überqueren die Zickstraße sowie die Balthasar-Neumann-Straße und folgen weiter dem Verlauf der Asamstraße. Nachdem wir linker Hand einen Kindergarten, das Wichern-Kinderhaus, passiert haben, → biegen wir links ab und fahren den Radweg bergauf. Dieser verläuft nun ein Stück parallel zur Forster Straße, durch eine Leitplanke getrennt von der Fahrbahn. → Wir überqueren den S-Bahn-Halt Bruchsal-Stegwiesen. → Dann kommen wir an einen Kreisverkehr, überqueren die Stegwiesenstraße, → halten uns rechts, um den Kreisverkehr noch mal zu überqueren, → und dann geht es sofort links ab. Der Radweg verläuft weiter neben der Forster Straße – mit anderen Worten: Wir überqueren den Kreisverkehr geradeaus, wechseln lediglich die Radwegseite. Rechter Hand passieren wir die Straßenmeisterei Bruchsal und schon geht es wieder einen leichten Anstieg hinauf auf eine Brücke.

Die Straße, an der wir entlang Richtung Forst fahren, ist die K3526. Bald ist der Ortseingang von Forst erreicht. Nachdem wir das Ortseingangsschild von Forst passiert haben und auf einen Kreisverkehr treffen, → biegen wir links ab. ⚠ Hier ist kein Schild! Nun fahren wir auf dem Postweg durch ein Neubaugebiet. → Dort, wo der Postweg auf ein T-Stück trifft, fahren wir rechts. → An der nächsten Möglichkeit biegen wir links ab in die Goethestraße, kommen an eine Stoppstraße, den Burgweg, → überqueren diesen geradeaus und fahren dann weiter entlang der Barbarastraße. → Wir treffen auf die Zeiligstraße und überqueren diese ebenfalls geradeaus. → Dann biegen wir an der zweiten Möglichkeit rechts in die Bernhardusstraße ab.

→ An der nächsten Ecke geht es links in die Kolpingstraße. Wir überqueren die Hambrücker Straße und → fahren geradeaus weiter auf der Kronauer Allee. Links liegt ein kleines Einkaufszentrum mit verschiedenen Geschäften. → Wir überqueren die Kinzigstraße und fahren weiter geradeaus auf der Kronauer Allee. Jetzt liegt links ein weiterer Supermarkt. → Auch die Rheinstraße überqueren wir geradeaus, → danch die Neckar-, Schwanen- sowie Isarstraße beziehungsweise den Birkenweg geradeaus, um weiter der Kronauer Allee zu folgen. Eine Jesusfigur am Kreuz steht nun am Wegesrand. Linker Hand liegt der Tier- und Vogelpark von Bruchsal, bevor wir auf einem asphaltierten Weg in ein Waldstück einfahren. ➔ Es geht weiter geradeaus, vorbei an einem großen Grillplatz. Nun treffen wir bald auf eine Landstraße, ➔ die wir geradeaus überqueren, um weiter über den asphaltierten Weg durch das Waldstück auf der schnurgeraden Straße zu fahren.

Für den einen ist der Weg durch den Wald sicher nur ein Weg durch den Wald – für den anderen vielleicht das längste schnurgerade Stück Weg, das er jemals gefahren ist. Wir passieren einen Baggersee zur Rechten. Wenn wir nun auf eine Straße treffen, die rechts abbiegt, ➔ fahren wir weiter geradeaus. Wenig später verläuft der Radweg wieder parallel zur Landstraße K3575, der Wald liegt hinter uns.

Wir radeln an einem Tennisplatz vorbei, der links liegt. An der Tennisanlage gibt es auch den Biergarten des KV Kronau, der Gästen offen steht. ➔ Wir treffen schließlich auf eine beampelte Kreuzung, die wir geradeaus überqueren. Wenn vor uns an der gegenüberliegenden Straßenecke ein kleines Einkaufszentrum mit vielen Geschäften erscheint, ➔ biegen wir links ab auf den Radweg und ➔ sofort wieder rechts auf den landwirtschaftlichen Nutzweg. Die Landstraße, die wir überquert haben, ist die L555. Die Straße gegenüber der Ampel ist die Kirrlacher Straße.

›Abstecher ins Zentrum von Kronau

1,2 km hin und zurück

❶ Über die Kirrlacher Straße gelangt man auch, wenn Interesse besteht, in das Zentrum von **Kronau**. Einfach dem Verlauf der Straße folgen, bis diese auf die Hauptstraße trifft. Kronau (www.kronau.de) hat nur wenig Interessantes zu bieten, sieht man einmal von dem gut 200 Jahre alten Rathaus ab. Historisch interessant ist daneben die Alte Schule von 1894, in der heute ein Kindergarten untergebracht ist. Bekannt ist der Ort als Heimat der SG Kronau/Östringen, die heute als Rhein-Neckar Löwen (www.rhein-neckar-loewen.de) zu den Top-Teams der Handball-Bundesliga gehören – wobei die Heimspiele inzwischen in der nahe gelegenen Mannheimer SAP-Arena ausgetragen werden. ‹

Wenn wir nach ca. 1,3 Kilometern auf eine Kreuzung treffen, ➔ biegen wir rechts ab und, ➔ etwa 150 Meter weiter, an der

Von Bruchsal nach Schwetzingen

7 km

nächsten T-Kreuzung links. → Wenn wir auf das umzäunte Gelände eines Baggersees treffen, fahren wir halb rechts auf den Radweg, der etwas unterhalb der Straße verläuft. → Nach etwa 300 Metern wechseln wir vor dem Liaplan-Werk auf der rechten Seite auf den Radweg zur Straßenlinken, → an der nächsten Kreuzung biegen wir rechts ab und fahren quasi durch die Seitenteile des Werks hindurch. Rechter Hand geht es am Kieswerk Kronau vorbei.

Nachdem wir den Baggersee passiert haben, fahren wir auf einem geschotterten landwirtschaftlichen Nutzweg in den Wald hinein. → Wo der Weg sich gabelt, halten wir uns rechts. Nach einem kleinen Bogen fahren wir weiter am Baggersee entlang. Direkt neben der Radstrecke verlaufen nun auch die Förderbänder des Kieswerkes. → Wenn sich der Weg gabelt, halten wir uns links und fahren auf der Schotterstraße in den Wald hinein, weg vom Baggersee. → Wenn wir dann auf eine asphaltierte Straße treffen, biegen wir links ab. Direkt vor uns liegt ein Golfplatz. Es geht nun weiter auf einer asphaltierten, verkehrsarmen Straße entlang. Zur Rechten liegt der Golfplatz, der bei gutem Wetter reichlich bespielt wird.

→ Einen Kirchturm geradeaus im Blick, biegen wir links auf einen asphaltierten Weg ab und radeln auf ein Sportplatzgelände zu. Das Trainingsgelände gehört zum Förderstützpunkt Frauenfußball mit verschiedenen Rasenplätzen. Danach passieren wir das links liegende Stadion. Gut hörbar ist hier das Rauschen der Autobahn A5, die geradeaus in den Blick kommt. Wenn wir vor der Reithalle St. Leon auf ein T-Stück treffen, → halten wir uns rechts. → Wir unterqueren dann mithilfe einer Brücke die Autobahn. Die Straße, über die wir fahren, ist die Kronauer Straße. → An deren Ende biegen wir rechts in die Roter Straße ab, → nach 50 Metern vor der Fußgängerampel links in die kleine Marktstraße. Diese geht schließlich in die Leostraße über. → An der Kirche fahren wir linksherum und folgen weiter dem Verlauf der Leostraße.

i Ein wenig trostlos wirkt **St. Leon-Rot** (www.st-leon-rot.de) bei der Durchfahrt. Wohl auch, weil die 12 500-Seelen-Gemeinde keine nennenswerten Attraktionen vorzuweisen hat. Das kleine Heimatmuseum spannt den Bogen von der Stein- bis zur Römerzeit, vom

8 Durch das badische Weinland

Mittelalter bis hin zur Wirtschaftsgeschichte des 20. Jahrhunderts, als der Spargel- und Tabakanbau zu den wichtigsten Einnahmequellen der Bevölkerung zählte. Im Ortsteil Rot bildet die St.-Mauritius-Kirche einen Blickfang. Der 43 Meter hohe Turm des Gotteshauses stammt aus dem 15. Jahrhundert.

Von St. Leon-Rot nach Schwetzingen

20 km

Wenn die Straße schließlich links als St.-Franz-Antoni-Straße abknickt, → fahren wir geradeaus in das als Sackgasse ausgeschilderte Stück, wo der Weg in einen asphaltierten, landwirtschaftlichen Nutzweg übergeht. → An der ersten Weggabelung inmitten der Felder biegen wir links ab. → Nach 300 Metern kommt die nächste Weggabelung, hier biegen wir rechts ab. Dort ist es auch zum St. Leoner See ausgeschildert. → An der nächsten T-Kreuzung, nachdem wir die Parkplätze passiert haben, biegen wir erneut rechts ab und fahren am St. Leoner See vorbei. → Unmittelbar vor dem Tor zum See geht es wieder nach links.

→ Im Wald folgen wir der abknickenden, asphaltierten Straße nach rechts (fahren also nicht geradeaus über den geschotterten Weg!). → Es gabelt sich nun bald der Weg, wir nehmen den rechten Abzweig, → ebenso wie beim nächsten T-Stück, → um dann sofort links über eine Brücke zu fahren. → An der kommenden Kreuzung fahren wir fast diagonal über die Straße rüber in die kleine Allee, den Heidelberger Weg. Achtung! Wir passieren eine viel befahrene Landstraße!

Die kleine Allee führt zum Friedhof, den wir dann auch links passieren. Danach gilt es, einen kleinen Anstieg zu meistern, um eine Brücke über die Landstraße zu nehmen. Der Weg führt uns nun geradeaus durch ein Waldstück auf einer asphaltierten Straße. Nach einem leichten Anstieg auf eine Brücke überqueren wir sodann die Autobahn A6, um schließlich weiter durch das Waldstück zu fahren. Der Radweg geht im Wald in eine breite Schotterpiste über. → Es

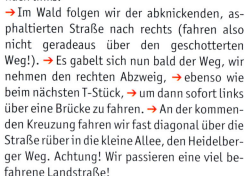
Spargeldenkmal in der Schwetzinger Innenstadt

Von Bruchsal nach Schwetzingen **8**

kommt schließlich eine Kreuzung im Wald – wir fahren weiter geradeaus. Wer möchte, kann hier links ins 4,8 Kilometer entfernt liegende Hockenheim abbiegen, wo an dieses Waldstück die berühmte Rennstrecke, der Hockenheimring, angrenzt.
Sobald wir auf eine weitere Kreuzung treffen, wo es rechts nach Wiesloch geht, fahren wir weiter geradeaus durch den Wald. → Nach dem Wald kommen wir zu einem kleinen Parkplatz und fahren dort links auf dem Radweg die Brücke hinauf, um die Straße zu überqueren. Es gibt noch einen zweiten Weg, der etwas kürzer ist (7,3 km) und der hier ebenfalls ausgeschildert wird. Auf der anderen Seite der Brücke geht es nach einer kleinen Schussfahrt wieder durch den Wald geradeaus auf dem asphaltierten Weg.
An der nächsten Wegekreuzung fahren wir geradeaus über eine kleine Brücke hinüber und weiter geradeaus durch den Wald. → Die nächste Kreuzung im Wald überqueren wir ebenfalls geradeaus, um den Weg durch den Wald fortzusetzen. Wenn wir wieder auf die Autobahn stoßen, verläuft die Straße ein Stück parallel zu dieser. Nach knapp 300 Metern macht die Straße einen Linksknick und entfernt sich von der Autobahn. → Dann biegen wir an der ersten Möglichkeit rechts ab, um weiter auf dem Waldweg zu radeln. → Bei einem Haus fahren wir durch eine Schranke und halten uns halb links, um dann wenig später wieder auf eine Straße zu treffen. Wir setzen unseren Weg weiter geradeaus fort, die Straße, auf die wir treffen, gehört zu einer rechts von uns liegenden Autobahnraststätte. Wer hier ein ungewöhnliches Erlebnis sucht, kann vielleicht mit dem Fahrrad zur Tankstelle vorfahren und Luft nachfüllen oder ein paar Stärkungen erwerben.
Nachdem wir die Raststätte passiert haben, → biegen wir an der nächsten Möglichkeit links auf die asphaltierte Straße ab. → Nach einem Gehöft geht es an der nächsten Kreuzung rechts ab und → an der nächsten T-Kreuzung vor einer Reithalle des Reiterhofes Wöllner links. Nach gut zwei Kilometern erreichen wir wieder ein Wohngebiet. → An der Stoppstraße überqueren wir den Hardtwaldring, um dann geradeaus in die Sandhäuser Straße zu fahren. Sie wird schließlich zur Mannheimer Straße, der wir folgen. → An der abknickenden Vorfahrt fahren wir geradeaus, → an der nächsten abknickenden Vorfahrt, die nach

rechts geht, geradeaus weiter und folgen dem Verlauf der Mannheimer Straße. Schließlich treffen wir auf den S-Bahn-Halt Oftersheim → und biegen dort links ab, um durch die Unterführung hindurch auf die andere Straßenseite zu gelangen. Am Ende der Unterführung treffen wir auf die Lessingstraße. → Dort fahren wir rechts, → dann sofort wieder links auf die Mannheimer Straße und setzen den Weg fort, bis Schwetzingen mit der Ortseinfahrt erreicht wird.

Wir fahren auf der Markgrafenstraße weiter geradeaus. Kurz bevor sie auf eine Kreuzung trifft, → halten wir uns links. Wir fahren nun ein kleines Stück auf dem Radweg entgegen der Fahrtrichtung der Autos. Die Straße ist die Südtangente. → Die nächste beampelte Kreuzung überqueren wir geradeaus. → Nach der Ampel wechseln wir wieder auf die andere Straßenseite und → biegen rechts ab in die Spielstraße, um unseren Weg weiter geradeaus fortzusetzen. An der Spielstraße gibt es auch eine öffentliche Toilettenanlage.

Wir kreuzen die Bismarckstraße und setzen unseren Weg weiter geradeaus fort. Die Straße heißt nun Friedrichstraße und ist eine Einbahnstraße. → Wir treffen schließlich auf eine Ampel, die wir geradeaus überqueren. Dann stehen wir vor der Fußgängerzone, die ebenfalls die Mannheimer Straße ist, und → fahren vor der Fußgängerzone links ab Richtung Schloss, das von hier aus auch schon gut zu sehen ist. An dieser Ecke lässt es sich außerdem nach Heidelberg abbiegen, das von hier aus in zehn Kilometern zu erreichen ist. Unsere Tagesetappe endet direkt vor dem Eingang zum Schloss, wo rechter Hand das Denkmal einer Spargelverkäuferin steht. Dieser Schlossplatz verfügt über eine Vielzahl von einladenden Restaurants mit Außengastronomie – was für ein perfekter Ausklang für einen erlebnisreichen Tag auf dem Rad!

Rechte Seite: Das Schloss – das Wahrzeichen von Schwetzingen

ℹ Bei der bloßen Erwähnung des Namens **Schwetzingen** (www.schwetzingen.de) kommt nicht wenigen automatisch die ehemalige Sommerresidenz des Kurfürsten Karl Theodor in den Sinn. In der Tat ist das prächtige Schwetzinger Schloss (www.schloss-schwetzingen.de) stadtbildprägend. Zum Wahrzeichen der 21 500 Einwohner zählenden Kreisstadt gehört auch der weitläufige Schlossgarten, der sich von einem typischen Barockgarten nahe

Von Bruchsal nach Schwetzingen

dem Hauptgebäude zum englischen Gartenstil in den Randbereichen hin erweitert. In der von Landschaftsarchitekt Friedrich Ludwig von Sckell im 18. Jahrhundert angelegten Grünanlage befinden sich neben der Orangerie mit dem Badhaus, dem Minerva-Tempel und dem Arionbrunnen zahlreiche Hingucker. Auch das sogenannte Rokokotheater von 1752, in dem sich seit 1952 alljährlich der Vorhang für die Schwetzinger Festspiele hebt, ist hier zu finden.

Zu den schönsten Fleckchen in Schwetzingen muss zweifelsohne der prächtige Schlossplatz mit seinen zahlreichen gastronomischen Betrieben gerechnet werden. Markant sind sicherlich auch das 1821 nach Plänen von Jacob Friedrich Dyckerhoff errichtete Rathaus, die katholische Kirche St. Pankratius von 1707 sowie die

tipp Spargeltour

Neben einem Rundgang durch das Schloss in Schwetzingen und den beeindruckenden Schlossgarten gibt es auch interessante thematische Führungen durch die Stadt selbst. Bei einem launigen Rundgang durch den historischen Stadtkern berichtet beispielsweise eine Spargelfrau allerlei Nützliches, Kurioses und Amüsantes rund um den Spargel, das »königliche Gemüse«. Aber auch an Wissenswertem über die Stadtgeschichte lässt es die Dame im historischen Kostüm nicht mangeln.
Termine: Stadtinformation Schwetzingen, Tel. 06202/94 58 75.

evangelische Stadtkirche von 1756. Im Karl-Wörn-Haus (www.schwetzingen-museum.de) befindet sich ein stadtgeschichtliches Museum, während das 1987 gegründete Xylon-Museum (www.xylon-museum.de) als ein Zentrum für bildende Kunst mit Schwerpunkt auf dem künstlerischen Hochdruck vornehmlich Wechselausstellungen aufstrebender und arrivierter Künstler präsentiert.

›Abstecher nach Heidelberg

20 km hin und zurück

Vom Schwetzinger Schlossplatz aus bietet sich ein Abstecher ins zehn Kilometer entfernt liegende Heidelberg an. Das Denkmal und Schloss im Rücken, fahren wir zurück Richtung Fußgängerzone. ➔ Wir überqueren die Kreuzung Mannheimer Straße (Fußgängerzone) und Friedrichstraße geradeaus, ➔ folgen der Carl-Theodor-Straße und ➔ unterqueren die Schienen am Bahnhof Schwetzingen. Nun geht es weiter über die Kurfürstenstraße. ➔ Wir überqueren die Bruchhäuser Straße beziehungsweise Nadlerstraße geradeaus. Die Kurfürstenstraße bringt uns aus Schwetzingen heraus.

Wenn wir auf eine T-Kreuzung treffen, ➔ biegen wir links ab in die Oftersheimer Landstraße und ➔ nach knapp 100 Metern wieder rechts in die Lessingstraße. ➔ An der Eisenbahnstraße halten wir uns rechts und ➔ biegen dann in den Alten Heidelberger Weg ab. Wir folgen diesem parallel zur Umgehungsstraße, der K4147. ➔ Nun biegen wir links ab auf den Bruchhäuser Weg und ➔ dann rechts in den Rübäckerweg. Nachdem wir das Haus auf der linken Seite passiert haben, ➔ geht es links ab und weiter auf dem Rübäckerweg. ➔ An der Gabelung halten wir uns rechts, ➔ biegen dann am nächsten T-Stück erneut rechts ab und ➔ sofort wieder links in den Brunnenweg. ➔ Am Ende der Straße fahren wir links in die Birkigstraße.
Wir überqueren die Kirchheimer Straße und ➔ setzen den Weg geradeaus über die Richard-Wagner-Straße fort. ➔ Wenn wir an deren Ende auf einen Parkplatz treffen, halten wir uns rechts. ➔ An der nächsten T-Kreuzung fahren wir rechts, ➔ ein kurzes Stück danach biegen wir links ab. ➔ Am Ende des Weges geht es erneut links und wir überqueren die Autobahn A5.

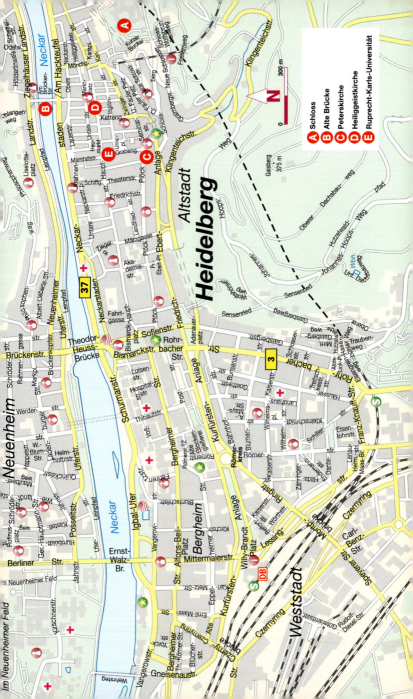

8 Durch das badische Weinland

Die »Alte Brücke« in Heidelberg

→ Nach etwa 1000 Metern müssen wir eine Straße rechts queren und → über den Parkplatz einer Kleingartenanlage fahren, → ehe wir wieder nach links auf die alte Bahntrasse abbiegen. → Der Weg beschreibt einen Linksbogen. Wir kommen an einen Spielplatz und zur Zufahrt zu einem Sportplatz, fahren weiter auf dem Heinrich-Menger-Weg, → überqueren den Schwalbenweg und → auch die Schützenstraße geradeaus. Wenn wir auf die Straße treffen, → halten wir uns rechts und fahren geradeaus auf der Eppelheimer Straße, der L534, → um die Bahnschienen zu unterfahren. Wir folgen weiter der Eppelheimer Straße. → Nach etwa 1400 Metern halten wir uns links, um dem Czernyring zu folgen, fahren über die Eisenbahnbrücke → und danach rechts. Über die Alte Eppelheimer Straße geht es weiter Richtung Innenstadt. → An der Römerstraße biegen wir links ab, → dann an der Hauptstraße, der Bergheimer Straße, rechts. Diese bringt uns schließlich zum Bismarckplatz, wo die Heidelberger Fußgängerzone beginnt und die Etappe endet.

i Wie einst der Dichterfürst Johann Wolfgang von Goethe geraten nicht wenige beim Anblick der geschichtsträchtigen Altstadt der Universitätsstadt **Heidelberg** (www.heidelberg.de) ins Schwärmen. Nicht nur bei Romantikern sorgen insbesondere das **Heidelberger Schloss (A)** sowie die **Alte Brücke (B)** mit Tor und barocken Tortürmen für Verzückung. Die prächtige Neckar-Querung heißt eigentlich Karl-Theodor-Brücke. Doch diesen Namen verwendet kaum jemand. Ab dem Jahr 1788 ersetzte die Brücke eine Holzbrücke, die hier bereits für fast 550 Jahre den Neckar überspannte. Allerdings ist die Karl-Theodor-Brücke ein Nachbau, denn das Original wurde

Von Bruchsal nach Schwetzingen

während des Zweiten Weltkrieges in die Luft gesprengt und bis 1947 vollständig rekonstruiert.

Hoch über der Altstadt der ehemaligen kurpfälzischen Residenzstadt thront die wohl berühmteste Schlossruine der Welt. Über den Zeitraum von 300 Jahren war die Geschichte des Heidelberger Schlosses (www.schloss-heidelberg.de) von Feuer, Zerstörung und Wiederaufbau geprägt. Gleichwohl weiß insbesondere der Ottheinrichsbau, einer der Palastbauten des Schlosses, der unter Kurfürst Ottheinrich (1556–1559) errichtet wurde, als eines der bedeutendsten Bauwerke der Renaissance die Besucher in seinen Bann zu ziehen. Die Fassade enthält in vier Stockwerken insgesamt 16 allegorische Figuren, die das Regierungsprogramm des Kurfürsten, »militärische und politische Stärke, gepaart mit den Tugenden einer guten Regierung, unter einem glücklichen Gestirn« versinnbildlichen.

Am Fuße des Schlosses inmitten der Fußgängerzone stehen das Rathaus und der davor befindliche Herkulesbrunnen sowie die gut 900 Jahre alte **Peterskirche** (C). Bekannter ist jedoch ein anderes Gotteshaus, die **Heiliggeistkirche** (D). Sie diente einst als Aufbewahrungsort der Bibliotheca Palatina. Doch während des 30-jährigen Krieges wurde die Sammlung von Handschriften und frühen Drucken ge-

Der Sebastian-Münster-Brunnen in der Heidelberger Altstadt

Durch das badische Weinland

raubt und dem Papst als Geschenk überreicht. In unmittelbarer Nachbarschaft zur Heiliggeistkirche befindet sich mit dem **Hotel »Zum Ritter«** das älteste Gebäude der Stadt, dessen Geschichte bis in das Jahr 1592 zurückreicht. Ein weiterer Blickfang befindet sich mit dem Karlstor am östlichen Rand der Altstadt.

An verschiedenen Stellen der Altstadt sind zudem historische Gebäude der **Ruprecht-Karls-Universität** (E) (www.uni-heidelberg.de), der ältesten deutschen Hochschule, zu finden. Dazu gehören die Universitätsbibliothek sowie die Alte Anatomie. Zudem bereichert die Universität mit ihren zahlreichen Sammlungen und Ausstellungen die Heidelberger Museumslandschaft nachhaltig. Viele der universitären Institute und Fakultäten sind im Besitz umfangreicher Bestände, die öffentlich zugänglich sind. Völlig unterschiedliche Fachbereiche wie Ägyptologie, Botanik, Paläontologie oder Zoologie öffnen so auch dem Laien interessante Einblicke in die jeweiligen Wissenschaftsgebiete. Wie es sich für eine Großstadt mit gut 140 000 Einwohnern gebührt, verfügt Heidelberg auch über eine Reihe hochinteressanter Museen. Der Bogen spannt sich vom **Deutschen Apothekenmuseum** (www.deutsches-apotheken-museum.de) im Heidelberger Schloss über das **Völkerkundemuseum** (www.voelkerkundemuseum-vpst.de) mit seiner Sammlung von Kunstwerken und ethnografischen Objekten aus Asien, Afrika und Ozeanien bis hin zum **Deutschen Verpackungsmuseum** (www.verpackungsmuseum.de). Derweil arbeitet das **Kurpfälzische Museum** (www.museum.heidelberg.de) die Geschichte der Stadt auf, während sich das Museum Haus Cajeth (www.cajeth.de) der »primitiven Kunst« widmet. Zudem ist in Heidelberg das **Dokumentations- und Kulturzentrum Deutscher Sinti und Roma** (www.sintiundroma.de) angesiedelt.

Blick auf die berühmte Heidelberger Schlossruine

Von Schwetzingen nach Worms

9

Schwetzingen – Seckenheim – (Mannheim –) Neckarhausen – Ladenburg – Großsachsen – Lützelsachsen – Hemsbach – Laudenbach – Lorsch – Bürstadt – Rosengarten – Worms

  leicht  60,5 km 357,5 km 6 Std.

Bei dem einzigen Streckenabschnitt durch drei Bundesländer – Baden-Württemberg, Hessen und Rheinland-Pfalz – geht es über wenig befahrene Straßen, landwirtschaftliche Nutzwege, quer durch Felder und Wälder, während Mannheim im Osten durchfahren wird. Erster Höhepunkt ist das charmante Ladenburg mit seinem historischen Flair. Auch Heppenheim sowie Lorsch mit seinem UNESCO-Weltkulturerbe sind Zwischenstationen, bevor die Nibelungenstadt Worms erreicht ist.

Futuristischer Bootsanleger in Ladenburg

etappe auf einen Blick

km 0	**Schwetzingen**, es geht durch Wiesen und Wälder, vorbei an Häusern und Gehöften nach Seckenheim. Direkt vor dem Ufer des Neckars geht es dann rechts ab Richtung Neckarhausen. Nach Überqueren der Brücke ist
km 13	**Ladenburg** erreicht. Durch die Altstadt radelnd ortsauswärts, weiter über Großsachsen, Lützelsachsen, erneut unter der Autobahn A5 hindurch, dann ist Hemsbach erreicht. Weiterradeln bis
km 37	**Laudenbach**. Weiter nach Heppenheim, danach durchradelt man das Naturschutzgebiet Weschnitzinsel, bevor es weiter durch die Innenstadt von Lorsch geht, dann durch Bürstadt und Rosengarten nach
km 60,5	**Worms**, das die Radler mit dem Nibelungentor begrüßt. Zielort erreicht.

9 Von Baden nach Rheinland-Pfalz

tour kompakt

Tourencharakter
Die Flüsse Neckar und Rhein sind ein Stück weit Begleiter auf der Etappe. Immer wieder geht es durch städtische Randgebiete auf wenig befahrenen Straßen, aber vor allem auf gut ausgebauten land- und forstwirtschaftlichen Wegen durch drei Bundesländer. Nachdem die hessische Landesgrenze passiert ist, folgen wir bis Worms dem Radfernweg R8 und dem hessischen Radfernweg R9.

Ausgangspunkt
Schwetzingen.

Endpunkt
Worms.

Anreise
Bahn: Nach Schwetzingen und Worms verkehren Regionalzüge.
Auto: Schwetzingen ist über die A5, A6 bzw. A61 zu erreichen. Parken: Zentrale Parkhäuser findet man z. B. in der Wildemann- oder Marstallstr.
Worms erreicht man über die A61 und A67. Parken: Zentral gelegen sind z. B. die Tiefgarage Friedrichstr. 16a oder die Plätze am Theater, Kriemhildenstr. 20; kostenfrei kann man am Wormatia-Stadion in der Alzeyer Str. parken.
Flugzeug: Flughafen Mannheim, http://flughafen.mannheim.de

Wegmarkierung
Rheintal-Weg (weißer Radfahrer auf grünem Grund mit Schriftzug »Rheintal-Weg«) sowie für den R8 und R9 jeweils weiße Schilder mit grünen Radfahrern und den Bezeichnungen »R8« und »R9« darauf.

Von Schwetzingen nach Worms 9

tour kompakt

Essen und Trinken
Worms: Ristorante Pizzeria Ambiente, Weckerlingplatz 6, Tel. 06241/304 98 88, www.ambiente-worms.de (zentral gelegen, sizilianischer Koch zaubert Antipasti, Pizza, Pasta und tolle Fischgerichte auf den Tisch); Brauhaus 12 Apostel, Alzeyer Str. 31, Tel. 06241/202 78 53 (herzhafte Gerichte nur aus regionalen Erzeugnissen); Kriemhilde Restaurant, Hofgasse 2, Tel. 06241/911 50, www.hotel-kriemhilde.de (Terrasse mit Blick auf Dreifaltigkeitskirche und Dom).

Übernachtung
Worms: Asgard Hotel, Gutleutstr. 4, Tel. 06241/860 80, www-asgard-hotel.de (3 Sterne, modern, ansprechendes Frühstücksbuffet, citynah); Boos Hotel, Mainzer Str. 5, Tel. 06241/94 76 39, www.hotel-boos.de (2 Min. von Fußgängerzone gelegen, nette Zimmer, Räder können in Innenhof geparkt werden); Nibelungen-Jugendherberge, Dechaneigasse 1, Tel. 06241/257 80, www.diejugendherbergen.de (unschlagbar gute Lage: direkt vis-à-vis zum Dom).

Werkstätten
Worms: Point of Sports, Neumarkt 4, Tel. 06241/287 64.
Ladenburg: Radsport Ruster, Kurzgewann 3, Tel. 06203/121 26.
Weinheim-Weststadt: Radsport Wagner, Theodor-Heuss-Str. 11, Tel. 0620/18 43 66, www.radsport-wagner.de

Tourist-Info
Mannheim: Tourist Information, Willy-Brandt-Platz 3, 0621/10 10 12, www.tourist-mannheim.de
Worms: Tourist Info Worms, Neumarkt 14, Tel. 06241/250 45, www.worms.de

Von Schwetzingen nach Ladenburg

Startpunkt ist auf dem Schlossplatz von Schwetzingen. → Wir biegen direkt vor dem Schloss rechts ab in die Schlossstraße. Nach etwa 130 Metern ist rechter Hand die katholische Kirche St. Pankratius erreicht. Sie steht im Zentrum des mittelalterlichen Ortskerns auf dem ältesten Kirchplatz Schwetzingens. Ihr heutiges Aussehen erhielt die Kirche im 18. Jahrhundert. 1737 erfolgte die Grundsteinlegung.

7 km

Wir folgen zunächst dem Verlauf der Schlossstraße, → ehe wir rechts in die Dreikönigsstraße abbiegen. Links liegt die Touristeninformation. → An der zweiten Möglichkeit biegen wir links ab in die Fußgängerzone, die Mannheimer Straße, die auch als Einbahnstraße für den Radverkehr offen ist. Rechter Hand passieren wir die evangelische Stadtkirche. → Am Ende der Fußgängerzone setzen wir unseren Weg geradeaus immer noch auf der Mannheimer Straße fort. → An der Kreuzung

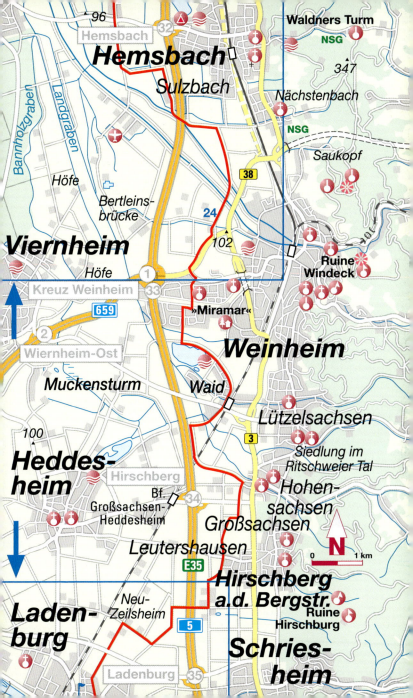

9   Von Baden nach Rheinland-Pfalz

Mannheimer Straße/Auguststraße/Grenzhöfer Straße biegen wir rechts ab in die Grenzhöfer Straße. Zur Orientierung: An dieser Ecke liegt links die Bäckerei Mantei. Achtung! Hier ist es etwas verwirrend, da ein Schild falsch angebracht ist. Es zeigt geradeaus, wir biegen hier aber rechts ab!

Wir überqueren die Friedrich-Ebert-Straße und fahren an einem kuriosen Hotel vorbei, dem Central Hotel. Davor steht ein Schilderbaum, der die Entfernung ab hier nach Oslo, Kapstadt und anderen Großstädten rund um den Erdball anzeigt. Auf dem Dach des Hotels stehen drei Freiheitsstatuen als übergroße Lampen. Wir setzen nun unsere Tour auf dem Radweg neben der Grenzhöfer Straße fort. Der Radweg bringt uns aus Schwetzingen hinaus. → Über einen beschrankten Bahnübergang fahren wir geradeaus.

Parallel zur Straße geht es durch Wiesen und Wälder, über einen weiteren Bahnübergang und unter einer Brücke der Bundesstraße B535 hindurch. Der Radweg beschreibt nach der Brücke einen U-förmigen Bogen, verläuft dann aber wieder parallel zur Landstraße, von dieser durch einen Grünstreifen getrennt. Links liegt nun die Brauerei Weldebräu, rechts ein Discounter. → Wir treffen auf einen Kreisverkehr. Diesen überqueren wir geradeaus – wobei der Radweg natürlich einen kleinen Bogen schlägt. Der Weg geht schließlich in eine geschotterte Piste über und führt direkt durch ein Waldstück. → Nach etwa 680 Metern, wenn wir auf ein T-Stück treffen, fahren wir rechts – also nicht links über die Schienen – und weiter am Waldrand entlang.

An der nächsten Gabelung geht es geradeaus, dort führt der Weg dann auch auf Asphalt weiter. Es geht zwischen Häusern und Gehöften weiter geradeaus. Wenn die nächste Ortschaft erreicht wird, → biegen wir rechts ab in den Entenstrich. → An der nächsten Möglichkeit biegen wir dann links in die Hirschgasse ab. → Danach geht es erneut links ab in die Straße Im Büchsenschall in Richtung Seckenheim. Rechter Hand sieht man einen Brunnen. → Wir fahren geradeaus über einen beschrankten Bahnübergang hinüber und kurz danach durch eine Bahnunterführung hindurch, → überqueren die Friedrichsfelder Straße (L597) geradeaus und setzen unsere Tour gegenüber auf dem Friedrichsfelder Weg auch geradeaus fort.

Von Schwetzingen nach Worms 9

Kurz nachdem eine Leitplanke in den Blick kommt, → biegen wir rechts in den Wald ab – in den durch eine Schranke abgegrenzten, asphaltierten forstwirtschaftlichen Weg. Ein leichter Anstieg bringt uns über den Holzweg (kein hölzerner Untergrund, sondern Name der Straße) hoch auf eine Eisenbahnbrücke. Von der Brücke ist zur Linken die Silhouette von Mannheim mit Schornsteinen und Industrieanlagen zu sehen. → An der nächsten Möglichkeit setzen wir unseren Weg geradeaus fort (biegen also nicht rechts ab!). Dann passieren wir eine Pferderennbahn, die zur Linken liegt. → Wir überqueren nun auf dem Holzweg die Autobahn A656. Unmittelbar bevor wir auf die Suebenheimer Allee treffen, → biegen wir rechts auf den Radweg ab. Er führt uns nun mithilfe einer Brücke über die Suebenheimer Allee hinüber. Vorbei an Kleingärten bringt uns der Radweg nun zu einem Kreisverkehr. → Dort biegen wir links ab. Nun wird bald die Ortsgrenze von Seckenheim erreicht, einem Stadtteil von Mannheim.

i Wenn **Mannheim** (www.tourist-mannheim.de) eines ist, dann übersichtlich. Selbst ohne Karte oder Navigationssystem fällt es nicht schwer, sich in der 310 000-Einwohner-Stadt am Zusammenfluss von Neckar und Rhein zu orientieren. Denn für Mannheim könnte ein Slogan aus der Schokoladenwerbung gelten: »Quadratisch, praktisch, gut.« Und dies seit mehr als 400 Jahren – also lange, bevor jene Schokolade ihren Siegeszug durch deutsche Supermärkte antrat.
Im Jahr 1607 erhielt Mannheim die Stadtrechte verliehen, nachdem Kurfürst Friedrich IV. von der Pfalz den Grundstein zum Bau der Festung Friedrichsburg gelegt hatte. Die damalige Planung eines gitterförmigen Straßennetzes für die mit der Festung verbundene Stadt ist noch immer bestens sichtbar erhalten geblieben. Daher trägt Mannheim auch bis zum heutigen Tage den Beinamen Quadratestadt.
Ab dem Jahr 1720 entstand schließlich unter Kurfürst Carl Philipp mit dem **Barockschloss Mannheim** (**A**) (www.schloss-mannheim.de) eines der größten Schlösser im Zeitalter des Absolutismus. Die badische Großherzogin Stéphanie, eine Adoptivtochter Napoleons, ließ die Residenz in der ersten Hälfte des 19. Jahrhunderts im Inneren im klassizistischen Stil umbauen. Die zur Innen-

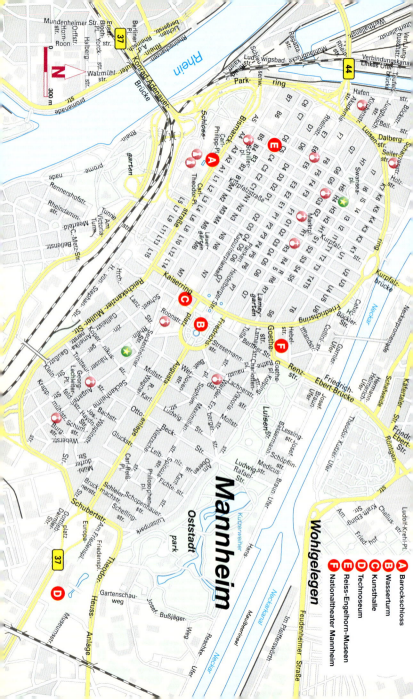

Von Schwetzingen nach Worms

stadt zeigende Schaufront weist eine Länge von 440 Metern auf und ist Endpunkt von sieben Parallelstraßen. Damit avanciert das Schloss nach Versailles zur größten geschlossenen Barockanlage Europas. Heute erzählt im Schloss, das während des Zweiten Weltkrieges fast völlig zerstört wurde, das im Jahr 2007 neu eröffnete Schlossmuseum vom Leben der pfälzischen Kurfürsten im Barock. Der 38 Hektar große Schlossgarten erstreckt sich vom Schloss bis zum Rhein, hat aber viel vom Glanz längst vergangener Tage verloren.

Am Friedrichsplatz erhebt sich mit dem 60 Meter hohen **Wasserturm (B)** von 1889 das Wahrzeichen der Stadt. Westlich davon liegt der Paradeplatz, in dessen Mitte die Grupello-Pyramide von 1711 einen besonderen Blickfang bildet. An der Südseite des Marktplatzes steht ein barocker Doppelbau, der vermutlich das noch älteste erhaltene Gebäude Mannheims ist: das alte Rathaus und die untere Pfarrkirche St. Sebastian wurden bis 1713 erbaut. In der Mitte sind beide mit einem Glockenturm verbunden. Dreimal täglich erklingt vom Turm des alten Rathauses ein Glockenspiel. Deutlich überragt wird der Verwaltungssitz vom 212,8 Meter hohen Fernsehturm. Von dessen Aussichtsplattform und vom Drehrestaurant Skyline bietet sich ein faszinierender Blick auf die zweitgrößte Stadt Badens und die Rheinebene. In dieser liegt das 1131 Hektar umfassende Hafengebiet der Stadt. Damit ist der Hafen einer der größten und geschäftigsten Binnenhäfen Europas. Mannheim ist mit Flaggschiffen wie Daimler (Motoren), ABB (Elektro- und Automationstechnik), Bombardier Transportation (elektrische Ausrüstung von Triebwagen), Roche (Pharma und Diagnostika), Südzucker, Birkel Teigwaren und Unilever (Dove-Seifen) nicht nur das wirtschaftliche, sondern auch das kulturelle Zentrum der europäischen Metropolregion Rhein-Neckar. Die renommierte

> **info Spargelpracht**
>
> Er gilt als feinstes Gemüse und ist ein kleines Luxusprodukt: Spargel wächst in sandigem, lockerem Boden und mag es warm. Die Anlage von Spargelbeeten ist relativ aufwendig. Vor Beginn des Winters wird die Erde etwa zwei Handbreit tief ausgehoben. Dann wird Mist untergegraben und die ein- bis zweijährigen Spargelpflanzen werden eingesetzt. Im darauffolgenden Herbst müssen die Stängel gekürzt und das Beet mit Mist bedeckt werden. Erst im dritten Jahr kann mit der Ernte begonnen werden. Das Spargelstechen hält zumeist von April bis in den Juni an. Eine Bauernregel bringt das Ende der Saison auf den Punkt: »Kirschen rot, Spargel tot.« So bleibt der Pflanze genügend Regenerationszeit für eine ertragreiche Ernte im kommenden Jahr.

9 Von Baden nach Rheinland-Pfalz

Kunsthalle (C) (www.kunsthalle-mannheim.com) legt in ihrer Ausstellung einen Schwerpunkt auf deutsche und französische Malerei des 19. und 20. Jahrhunderts, während das **Technoseum (D)** (www.technoseum.de) als Landesmuseum für Technik und Arbeit die Technik- und Sozialgeschichte des süddeutschen Raumes aufarbeitet.

Einen Besuch wert sind zudem die **Reiss-Engelhorn-Museen (E)** (www.rem-mannheim.de). Unter dem Dach der 1763 gegründeten Kurfürstlichen Akademie der Wissenschaften sind heute das Museum Weltkulturen, das Museum Zeughaus für Kunst-, Stadt- und Theatergeschichte, das Museum Schillerhaus, das Institut für internationale Kunst- und Kulturgeschichte, das Curt-Engelhorn-Zentrum Archäometrie, das Zephyr als Ausstellungsraum für zeitgenössische Fotografie sowie das Bassermannhaus für Musik und Kunst angesiedelt.

Ein weiterer Dreh- und Angelpunkt des Kulturlebens ist das 1779 von Kurfürst Karl Theodor gegründete **Nationaltheater Mannheim (F)** (www.nationaltheater-mannheim.de) als das älteste kommunale Theater der Welt. 1782 wurden hier Friedrich Schillers »Die Räuber« uraufgeführt.

🚲 2 km ↓ Wir folgen dem Radweg entlang der Schwabenstraße, zunächst entgegen der Fahrtrichtung, → dann biegen wir rechts in die Uhldinger Straße ab. Wenn wir auf eine Einbahnstraße, die Seckenheimer Hauptstraße treffen, überqueren wir diese geradeaus, ebenso wie die dahinterliegenden Straßenbahnschienen. Der Haltepunkt hier ist der Bahnhof Seckenheim. → Hinter dem Parkstreifen fahren wir links die Straße hinunter. → An der nächsten T-Kreuzung, dem Wörthfelder Weg, direkt vor dem Ufer des Neckars, biegen wir rechts ab Richtung Neckarhausen, das hier mit einem Kilometer Entfernung ausgeschildert ist. Der Wörthfelder Weg geht schließlich in die Straße Neckarplatten über.

ℹ️ Bekannt ist **Neckarhausen** (www.edingen-neckarhausen.de) vor allem für das klassizistische Schloss der Grafen von Oberndorff. Seinen Ursprung hatte das Herrenhaus in einer alten Thurn und Taxis'schen Posthalterei aus dem frühen 17. Jahrhundert. Im Laufe der Jahrhunderte wurde das Schloss Neckarhausen mehrfach um-

Von Schwetzingen nach Worms 9

gebaut und erweitert. Seit 1960 ist es in Gemeindebesitz und wird als Rathaus genutzt. In einem Seitenflügel ist das Gemeindemuseum untergebracht, das sich unter anderem dem Leben und Wirken der Grafenfamilie von Oberndorff widmet. Westlich des Schlosses schließt sich der Schlosspark im englischen Stil an.

Wir durchqueren Neckarhausen zunächst an einer schwach befahrenen Straße am Rande eines Feldes. → Wenn wir dann auf die Rudolf-Diesel-Straße treffen – links gegenüber liegt die Bäko-Fabrik –, setzen wir unseren Weg geradeaus über die Seckenheimer Straße fort, → und wo sie endet, geradeaus auf dem gegenüberliegenden Radweg. Nun geht es unter der vor uns liegenden Brücke hindurch und → sofort nach der Brücke links den Radweg leicht bergan. → Wenn der Weg sich auf der Anhöhe gabelt, halten wir uns links, fahren quasi an der Eisenbahnlinie entlang und über die Brücke hinüber.

3 km

→ Am Ende der Brücke fahren wir geradeaus über den Weg parallel zum Neckarufer weiter. Der Weg, über den wir fahren, heißt entsprechend Am Neckardamm. Wenn die futuristische Schiffsanlegestelle in den Blick kommt, → biegen wir links ab und fahren auf den Wasserturm zu. Die Grünanlage »Der Grüne Ring« zwischen Schiffsanlage und Altstadt wurde 2006 im Rahmen des Wettbewerbs »Deutschlands schönster Park« auf den ersten Platz gehoben.

Wir treffen auf den Dr.-Carl-Benz-Platz direkt hinter dem Wasserturm und setzen unseren Weg geradeaus fort, → biegen links in die Neckarstraße ab, fahren vorbei am Carl-Benz-Haus. → Am Neckartorplatz biegen wir rechts ab. Die Hauptstraße führt uns direkt durch die historische Altstadt von Ladenburg.

Die malerische Altstadt von Ladenburg

ℹ Keine Frage, mit der großen Dichte an pittoresken Fachwerkhäusern könnte der mittelalterliche Stadtkern von **Ladenburg**

9 Von Baden nach Rheinland-Pfalz

Zahlreiche Fachwerkhäuser prägen das Zentrum von Ladenburg.

(www.ladenburg.de) zweifelsohne als perfekte Kulisse für ein Filmabenteuer herhalten. Fast scheint es, als sei die ganze Innenstadt ein riesiges Freilichtmuseum. Verstärkt wird dieser Eindruck durch die noch erhaltenen Teile der um das Jahr 1200 errichteten Stadtmauer mit dem Hexenturm, dem Pfaffenturm und dem Martinstor.
Gegründet wurde die 12 000-Seelen-Gemeinde am Neckar im Jahr 98 nach Christus von den Römern als Lopodunum. Vor der heutigen St.-Gallus-Kirche mit seiner Krypta aus dem 11. Jahrhundert befand sich das Forum der alten Römerstadt. Deren Marktbasilika soll die stolzen Ausmaße von 72 mal 28 Metern gehabt haben.
Sehenswert ist zudem das Lobdengau-Museum (www.lobdengau-museum.de) im Bischofshof, der früheren Nebenresidenz der

Von Schwetzingen nach Worms

Wormser Bischöfe. Die Sammlung umfasst bedeutende Funde zur römischen und mittelalterlichen Stadtgeschichte sowie eine Ausstellung zu Volkskunst und Bauernmöbeln.

Kaum minder spannend präsentiert sich das Automuseum Dr. Carl Benz (www.automuseum-ladenburg.de) in den knapp 100 Jahre alten Fabrikhallen von C. Benz Söhne. Zwei der insgesamt 300 Fahrzeuge, die hier gefertigt wurden, sind noch heute im Museum ausgestellt. Die Ausstellung selber spannt den Bogen vom Benz-Patent-Motorwagen bis zum Mercedes-Benz-Formel-1-Rennwagen. Zudem ist viel Wissenswertes aus der Geschichte des Zweirades, vom Laufrad des Freiherrn von Drais bis zu Motorrollern der 1950er-Jahre, zu erfahren. An den großen Autobauer erinnern auch sein ehemaliges Wohnhaus und der Benzpark mit dem weithin sichtbaren Wasserturm.

Der weithin sichtbare Wasserturm im Ladenburger Benzpark

9 Von Baden nach Rheinland-Pfalz

Von Ladenburg nach Laudenbach

🚲
8 km
↓

Hinter dem Markplatz biegen wir links ab in die Schulstraße. → Wir überqueren die Straße Neue Anlage geradeaus. → Die nächste Querstraße überqueren wir ebenfalls geradeaus und fahren weiter über die Kurzgewannstraße. Hier gibt es mit Radsport Ruster auch ein Fahrradgeschäft. → Am Ende der Straße biegen wir halb rechts in einen landwirtschaftlichen Nutzweg, der wieder zwischen Feldern hindurchführt. Nachdem wir über eine Brücke gefahren und an vereinzelten Häusern und Gehöften vorbeigefahren sind, → biegen wir an der ersten Kreuzung rechts ab.

→ An der nächsten Kreuzung biegen wir links ab und → an der darauffolgenden rechts, um mit einem leichten Anstieg die Brücke über die Autobahn zu meistern. → Nach der Autobahnbrücke nehmen wir die erste Möglichkeit links. → An der nächsten Gabelung geht es dann rechts ab. Nun erscheinen vor uns rechter Hand einige Wohnblocks und wir radeln auf der Galgenstraße entlang. → Wenn diese auf die Heddesheimer Straße trifft, überqueren wir diese geradeaus.

Links liegt nun ein Fußballplatz, rechts kommt Großsachsen mit seiner Kirche in den Blick. → Kurz danach gabelt sich der Weg, in der Mitte liegt – wie eine Insel – ein Waldstück; wir folgen dem rechten Weg. → An der nächsten Möglichkeit biegen wir vor einem großen Feld mit Apfelbäumen rechts ab, dann wieder links. Schließlich treffen wir auf die Landstraße L541, → die wir überqueren, um unseren Weg geradeaus fortzusetzen. Achtung! Die Landstraße ist teilweise stark befahren! Vor uns erscheint dann Großsachsen.

ℹ️ Bis 1975 war das Örtchen eigenständig, ehe es zusammen mit Leutershausen die Gemeinde **Hirschberg an der Bergstraße** (www.hirschberg-bergstrasse.de) bildete. In Hirschberg finden sich mit der Villa Rustica die Ruinen eines römischen Gutshofes. In seinen Grundrissen gut erhalten ist das Hauptgebäude. Bei den Ausgrabungsarbeiten wurden unter anderem auch römische Münzen, Haarnadeln, Spielsteine, Würfel sowie ein Edelsteinring gefunden. Mit dem Schloss der Grafen von Wiser besitzt die 9400-Seelen-Gemeinde zudem einen weiteren attraktiven Anlaufpunkt. Das Her-

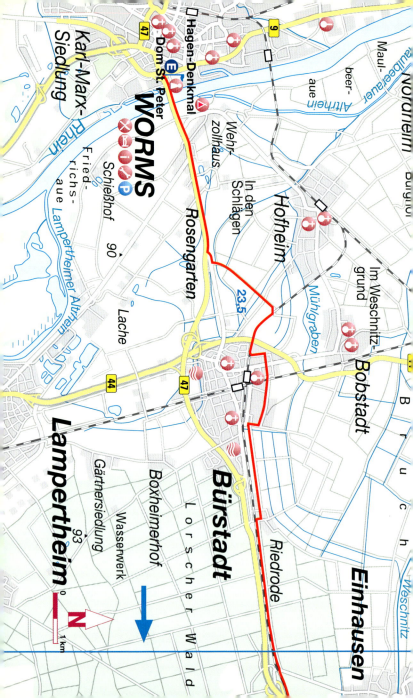

Von Schwetzingen nach Worms 9

renhaus wurde zwischen 1710 und 1716 nach Plänen von Johann Jakob Rischer im oberitalienischen Stil errichtet.

Es geht geradeaus weiter, auf dem Lörscher Weg, durch ein Neubaugebiet. Wenn der Lörscher Weg auf den Riedweg trifft, → biegen wir links ab (fahren also nicht geradeaus über die Brücke, auch wenn dort ein Radweg nach Weinheim ausgezeichnet ist!). → An der nächsten Gabelung halten wir uns erneut links. Nun haben wir den Ort verlassen, es geht wieder durch Felder zur Linken und Obstplantagen zur Rechten.
Nach knapp einem Kilometer fahren wir steil hoch auf die Brücke, die uns über Schienen hinwegführt. → An der nächsten Gabelung, unmittelbar vor der Autobahn, biegen wir rechts ab. Wir rollen nun ein Stück, etwas unterhalb der Autobahn, durch einen bewaldeten Grünstreifen von der Autobahn getrennt. Der Weg macht einen Rechtsknick und wir entfernen uns wieder von der Autobahn. → An der nächsten Kreuzung fahren wir über eine kleine Steinbrücke geradeaus und dann wieder in das Stadtgebiet von Großsachsen ein. Die Carl-Benz-Straße, über die wir fahren, geht über in die Junkerstraße. Wir radeln ein kleines Stück parallel zur Eisenbahnlinie. Rechter Hand passieren wir den Bahnhof Lützelsachsen. Wir setzen unsere Tour geradeaus auf dem Hammerweg fort.

2,5 km

■ Eher beschaulich wirkt **Lützelsachsen**, ein Stadtteil von Weinheim an der Bergstraße (www.weinheim.de). Neben einigen gut erhaltenen Fachwerkhäusern, von denen das älteste aus dem Jahr 1580 stammt, zählen das im 18. Jahrhundert errichtete ehemalige Rathaus und die evangelische Kirche aus dem Jahr 1772 zu den interessantesten Gebäuden der 4500-Seelen-Gemeinde.

Wenn der Hammerweg auf die Kreuzung mit der Waidallee trifft, überqueren wir diese geradeaus. Linker Hand passieren wir wenig später das Strandbad Waidsee. Dann biegen wir rechts ab. Weinheim-Weststadt ist von hier in 800 Metern erreicht und liegt mit seinen Hochhäusern direkt vor uns. → Dann gilt es, einen unbeschrankten Bahnübergang zu überqueren und weiter geradeaus zu fahren. Der Radweg trifft schließlich auf die Theodor-Heuss-Straße, diese fahren wir

8,5 km

9 Von Baden nach Rheinland-Pfalz

gerade durch, auch über die nächste Kreuzung hinweg. Hier gibt es auch das Fahrradgeschäft Radsport Wagner. Rechter Hand kommen nun wenig ansehnliche Wohnblocks in den Blick. → Wenn wir schließlich auf die Kurt-Schumacher-Straße treffen, biegen wir rechts ab.

An der Ampel fahren wir links und überqueren abermals die Bahngleise. Dies ist der Weststadtbahnhof von Weinheim an der Bergstraße, der zur Linken liegt. Wir setzen den Weg über die Pappelallee geradeaus fort. → An der ersten Ampel fahren wir geradeaus weiter mithilfe des rechts daneben liegenden Radweges. → Die zweite Ampel überqueren wir geradeaus, → um dann links auf den Radweg abzubiegen.

Wenn wir auf die Bundesstraße B38 beziehungsweise die Autobahnauffahrt zur A659/A5 treffen, fahren wir geradeaus weiter über die Kreuzung rüber auf den Radweg, der sofort einen Rechtsbogen schlägt. Er führt nun weiter parallel zur Bundesstraße – durch einen breiten bewaldeten Radweg von dieser abgetrennt. → Wenn der Radweg schließlich auf eine Straße, den Brunnweg, trifft, überqueren wir diesen geradeaus, um weiter zwischen den Feldern Richtung Sulzbach zu fahren. Linker Hand liegen an dieser Stelle eine Tierarztpraxis und ein paar Reitställe. Wir fahren hier nicht Richtung Segelflugplatz oder Klärwerk, → sondern überqueren die Straße, um halb links weiterzufahren. → An der nächsten Gabelung halten wir uns rechts und → biegen nach 20 Metern links über die Brücke ab. → Danach überqueren wir die nächstkommende Brücke geradeaus. Die landwirtschaftliche Idylle wird nun etwas gedämpft, denn wir radeln an einer Kläranlage vorbei. Je nach Windlage ein wirklich »duftes« Erlebnis …

Dann treffen wir auf ein T-Stück. → Hier biegen wir links ab Richtung Heppenheim. Direkt an der Kreuzung liegt eine Gasstation. Der Weg führt uns abermals unter der Autobahn A5 hindurch. → An der ersten Gabelung halten wir uns links, nachdem wir eine Reihe von Gehöften passiert haben. → Am kommenden T-Stück biegen wir rechts über eine kleine Brücke ab. Dann ist der Ortseingang von Hemsbach bald erreicht.

ℹ Die Geschichte von **Hemsbach** (www.hemsbach.de) wird wohl am ehesten in der Mittel- und Rittergasse lebendig, wo heute noch

Von Schwetzingen nach Worms 9

eine Reihe hübscher Fachwerkhäuser zu sehen ist. Und in der Kirchgasse finden sich die Reste einer früheren Befestigungsmauer sowie ein noch erhaltener Turm. Das Alte Rathaus der 12 200 Einwohner zählenden Stadt stammt in Teilen aus dem Jahr 1698, und die St.-Laurentius-Kirche, eine der ersten Simultankirchen in Deutschland, datiert aus dem Jahr 1751. Auf eine ähnlich lange Geschichte kann auch das Rothschild-Schloss blicken. 1764 war das Herrenhaus als Villa gebaut worden, ehe es 1839 von Baron Karl Mayer von Rothschild erworben und zu einem Schloss ausgebaut wurde. Seit 1925 dient das Gemäuer als Rathaus von Hemsbach. Sehenswert ist außerdem das Ritterhaus der frühen Hemsbacher Wasserburg, die vermutlich im 12. Jahrhundert errichtet wurde.

Wenn wir auf die Landstraße L3110 treffen, fahren wir weiter geradeaus und überqueren die Landstraße auch gerade. Die Straße, auf der wir fahren, heißt Weschnitz-Siedlung. Sie führt uns nun vorbei an verschiedenen Gehöften, die links und rechts des Weges liegen. Schließlich ist dann Laudenbach erreicht.

3 km

■ Laudenbach (www.gemeinde-laudenbach.de) an der Landesgrenze zwischen Baden-Württemberg und Hessen hat keinerlei Besonderheiten aufzuweisen. Markantestes Bauwerk ist die alte Dorfkirche, deren älteste Bauteile aus der Zeit um 1500 datieren. Mehrmals wurde das Gotteshaus zur heutigen evangelischen Martin-Luther-Kirche umgebaut und erweitert.

Von Laudenbach nach Worms

Nach einer kleinen Brücke halten wir uns weiter geradeaus, auf die Häuser zu. Unmittelbar nach dem Ortsausgang von Laudenbach führt uns ein leichter Anstieg auf eine Brücke, die uns über die Autobahn hinwegführt. Dann ist Laudenbach, das wir umfahren haben, erneut erreicht. Rechter Hand liegt ein Metallgestaltungs-Unternehmen und wir fahren weiter geradeaus über die Dr.-Werner-Freyberg-Straße und passieren linker Hand die Getea-Werke. → Wo geradeaus eine Sackgasse liegt und linker Hand ein Spielplatz erscheint, biegen wir links ab. Nachdem wir rechter Hand einen Tennisplatz und das Vereinsheim der Sportschützen Laudenbach passiert haben, setzen

7,5 km

9 Von Baden nach Rheinland-Pfalz

wir unsere Tour auf einem landwirtschaftlichen Nutzweg weiter durch Felder und Wiesen fort. Nun ist die hessische Landesgrenze erreicht – ein Schild zur Linken und zur Rechten symbolisiert dies. Hier beginnt zugleich der Radwanderweg R8. ➔ Dann treffen wir erneut auf eine T-Kreuzung; hier biegen wir links ab, um nach Heppenheim zu gelangen, während der R8 nach rechts führt. ➔ An der nächsten T-Kreuzung fahren wir rechts und über die Viernheimer Straße auf Heppenheim zu. Der Ort ist bald erreicht, rechter Hand liegt ein Krankenhaus. Wenn wir dann auf eine beampelte Kreuzung treffen, ➔ fahren wir geradeaus über diese hinweg in die Tiergartenstraße. Die Straße über die Viernheimer Straße ist die Bürgermeister-Metzendorf-Straße.

▪ Heppenheim an der Bergstraße (www.heppenheim.de), die Heimatstadt von Formel-1-Weltmeister Sebastian Vettel, gibt sich insbesondere rund um den historischen Marktplatz mit dem Rathaus, dem Marienbrunnen und seinen schmucken Fachwerkhäusern äußerst charmant. Weithin sichtbar ist die 1904 eingeweihte St.-Peters-Kirche, die im Volksmund »Dom der Bergstraße« genannt wird. Sehenswert ist daneben der Kurmainzer Amtshof aus dem 14. Jahrhundert mit seinen gotischen Wandmalereien. Hier wurde im Jahr 1948 die Freie Demokratische Partei (FDP) aus der Taufe gehoben. Wahrzeichen der 27 000 Einwohner zählenden Kreisstadt ist die Starkenburg, auf deren Areal sich heute auch eine Jugendherberge befindet.

🚲

4 km

⬇

Wir setzen unseren Weg auf der Tiergartenstraße fort. ➔ Nach knapp 250 Metern fahren wir dann an der ersten Möglichkeit links ab. Hier ist es auch ausgeschildert Richtung »Aussiedlerhöfe« und die Straße heißt interessanterweise Außerhalb. Ein Anstieg bringt uns auf eine Brücke, die uns abermals über die Autobahn A5 hinwegführt. ➔ An der ersten Kreuzung nach der Autobahn fahren wir weiter geradeaus auf der Straße namens Außerhalb, ➔ an der nächsten Kreuzung ebenfalls. Wir kommen an eine Steinbrücke, die wir erneut gerade überqueren, um dann auf einer geschotterten Piste weiterzufahren. Hinter der Brücke beginnt das Naturschutzgebiet Weschnitzinsel. Es gehört zu Lorsch. Der Weg durch dieses Naturschutzgebiet ist

Von Schwetzingen nach Worms

Radfahrerin bei Großsachsen

eine geschotterte Piste. Während der Brutzeit geschützter Vogelarten kann es passieren, dass der Weg durch das Naturschutzgebiet gesperrt ist – dann ist aber eine Alternativroute ausgeschildert.

Noch während wir durch das Naturschutzgebiet radeln, wechselt der Untergrund zu besser befahrbarem Beton. Schließlich geht es einen kleinen Anstieg hinauf und über die Herrenbrücke. Links liegt ein Landschaftsfenster, von dem aus man Vögel im Naturschutzgebiet gut observieren kann. → Wir fahren über den Fluss Weschnitz hinüber. → Nach der Brücke biegen wir rechts ab und folgen den Schildern Richtung Heppenheim, parallel zur Weschnitz. → Dann geht es sofort links. Wir überqueren eine kleine Straße, fahren auf Felder zu und → dann am Rande dieser entlang. → An der klei-

> **info Trittsteinbiotop Weschnitzinsel**
>
> Im Südosten von Lorsch gelegen, ist die Weschnitzinsel ein wichtiges Trittsteinbiotop für rastende Zugvögel. Darüber hinaus finden hier seltene Wiesenbrüter einen perfekten Lebensraum. Auf einer Fläche von 200 Hektar kann man mit etwas Glück neben Kiebitz und Fasanen auch Steinkäuze, Feldlerchen, Wachteln, Wandervögel, Eisvögel, Kraniche sowie den Roten Milan beobachten. Durch gezielte Flutungen versucht man seit 2002 das Ökosystem für eine Reihe von Vogelarten noch attraktiver zu machen.

9 Von Baden nach Rheinland-Pfalz

nen Kreuzung zwischen den Bauernhöfen biegen wir sodann links ab auf die Straße namens In den langen Ruten. Radelnd gelangen wir so schließlich an den Ortsrand von Lorsch.
Wenn wir dann an eine Kreuzung kommen, → fahren wir geradeaus Richtung Zentrum, das 1,3 Kilometer von hier liegt. Es gibt hier drei Möglichkeiten, nach links zu fahren: einen asphaltierten landwirtschaftlichen Nutzweg, eine Schotterpiste und die Straße Am Forstbann – alle drei lassen wir aber »links liegen« und fahren geradeaus auf der Von-Hausen-Straße aufs Zentrum zu. → Wir überqueren dann die Biengartenstraße und fahren weiter auf der Hügelstraße. → Dann queren wir die Friedensstraße, die 3111, und setzen den Weg über die Hügelstraße fort. Wenn wir auf eine Vorfahrtstraße treffen, → biegen wir rechts ab auf die Hirschstraße, passieren den Kaiser-Wilhelm-Platz und fahren geradeaus die Römerstraße entlang. Nun sind wir in der Innenstadt von Lorsch.
Die Römerstraße führt auch am historischen Marktplatz mit seinen schmucken Fachwerkhäusern vorbei, die hier ein fast kreisrundes Ensemble bilden. In einem der Häuschen ist die Touristeninformation untergebracht, direkt vor einem Brunnen mit einer Tabaknäherin. → Wir fahren links in die Nibelungenstraße.

i Bekannt ist die 13 000-Seelen-Gemeinde **Lorsch** (www.lorsch.de) vor allem durch das seit dem Jahre 1991 zum UNESCO-Weltkulturerbe ernannte Kloster Lorsch ❻ (www.kloster-lorsch.de) mit seiner karolingischen Königshalle und dem angeschlossenen Museumszentrum Lorsch. Unter dem Dach des Museumszentrums finden sich die klostergeschichtliche Abteilung der Verwaltung der Staatlichen Schlösser und Gärten Hessen, die Abteilung für Volkskunde des Hessischen Landesmuseums Darmstadt, das Tabakmuseum und Sammlungen der Stadt Lorsch. Die Abtei Lorsch wurde im Jahr 764 vom fränkischen Gaugraf Cancor und seiner Mutter Williswinda gegründet. Das Kloster wurde von Benediktinern des Klosters Gorze bei Metz besiedelt. Wann und warum die Königshalle mit ihren Arkaden, Pilastern und Halbsäulen errichtet wurde, ist nicht überliefert. Vermutet wird, dass der Bau zu Ehren Karls des Großen erfolgte. Von der Klosteranlage selbst sind heute lediglich noch der größte Teil der ehemaligen Ringmauer, Reste der Kloster-

Von Schwetzingen nach Worms

kirche und die Zehntscheune erhalten. Auch sonst gibt sich die Kleinstadt äußerst liebenswert – insbesondere rund um den Marktplatz mit dem historischen Rathaus von 1715 und einigen prächtigen Fachwerkhäusern.

Dann treffen wir auf eine abknickende Vorfahrt, → fahren nach links und bei der nächsten abknickenden Vorfahrt → sofort nach rechts. Wir folgen nun im Wesentlichen dem Radweg R9. Weiter geht es auf der Nibelungenstraße. → Wenn wir wieder auf eine abknickende Vorfahrt treffen, → fahren wir geradeaus weiter und folgen dem R9 auf dem Radweg, der nun parallel zur Straße verläuft. Linker Hand passieren wir die Feuerwehr von Lorsch. → Wir unterqueren eine Brücke der Autobahn A65. → Direkt hinter der Brücke geht es rechts nach Worms. Dabei folgen wir weiter dem R9.

8 km

Eine geschotterte Piste bringt uns in Bögen an die Bahnlinie heran, die rechter Hand liegt und → die wir dann überqueren müssen. → Nach dem unbeschrankten Bahnübergang fahren wir ein kleines U, über eine geschotterte Piste, um dann wieder auf den R9 zu kommen und die Bensheimer Straße zu überqueren. → Danach biegen wir sofort links ab. → Unmittelbar vor dem Schützenheim geht es dann im 90-Grad-Winkel rechts ab, wir fahren noch einmal mithilfe einer Brücke unter der Autobahn hindurch. → Direkt nach der Autobahnbrücke biegen wir links ab auf einen geschotterten Weg. Nun läuft der Weg quasi parallel zur Autobahn durch einen Wald auf einer Sand-Schotter-Piste.

Unmittelbar vor der Bahnlinie biegen wir ab und fahren parallel zur Bahnlinie weiter. Nachdem wir eine Schranke umfahren haben, treffen wir auf eine Straße, die wir geradeaus queren, um weiter parallel zur Bahnlinie auf dem geschotterten Weg durch den Wald zu fahren. Nachdem wir rechter Hand einen Sportplatz passiert haben, erreichen wir Riedrode, einen Stadtteil von Bürstadt. Hier liegt auch direkt der gleichnamige Bahnhof. → Wir setzen unseren Weg geradeaus fort auf einer kleinen, verkehrsberuhigten Straße, der Taunusstraße. → An deren Ende biegen wir rechts in den Gänsweidweg. → Wir überqueren die Odenwaldstraße und radeln weiter geradeaus, → dann überqueren wir die Vogelsbergstraße und fahren

9 Von Baden nach Rheinland-Pfalz

ebenfalls weiter geradeaus. ➔ Unmittelbar vor dem Feuerwehrgebäude biegen wir links in die Straße Im Bruchschlag ab und radeln auf dem landwirtschaftlichen Nutzweg, der hier rechts neben der Straße verläuft – weiterhin der Radweg R9. Nachdem wir linker Hand einen Sportplatz passiert haben und auf eine Straße treffen, wo rechts eine Kapelle und die Speisegaststätte Schützenhaus liegen, ➔ biegen wir rechts ab. Gegenüber liegt auch eine Tankstelle. Wir sind nun in Bürstadt und folgen der Forsthausstraße, ➔ um dann links in die Lorscher Straße abzubiegen. Es geht durch ein kleines Industriegebiet, dann unter einer Eisenbahnbrücke hindurch.

🛈 Die 15 000-Seelen-Gemeinde **Bürstadt** (www.buerstadt.de) hat mit Ausnahme des historischen Rathauses nicht viel Sehenswertes zu bieten. Einziger Blickfang ist ansonsten lediglich noch die St.-Wendelins-Kapelle auf dem Boxheimer Hof.

7 km

Ein Wohngebiet wird so erreicht. ➔ Wir radeln über die Brentanostraße geradeaus. ➔ Wir kreuzen die Mainstraße und fahren weiter über die Riedstraße. ➔ Am Ende der Riedstraße biegen wir links ab in die Steinlachstraße. ➔ Wenn wir am Ende der Steinlachstraße auf die Eisenbahnlinie treffen, geht es rechts ab. ➔ Wir unterqueren eine Brücke und fahren parallel zur Bahnlinie auf einem landwirtschaftlichen Nutzweg, der asphaltiert ist. Nachdem der Weg eine leichte Rechtskurve beschrieben hat, ➔ müssen wir an der ersten Möglichkeit links abbiegen, ➔ fahren dann geradeaus und überqueren den unbeschrankten Bahnübergang. Dann passieren wir eine Brücke, kurz darauf ein Gehöft namens Valentin-Hof. Der landwirtschaftliche Nutzweg endet dann; wir treffen auf die Nibelungenstraße. ➔ Hier biegen wir rechts ab und folgen weiter dem R9.

Vor uns liegt ein Meer an Strommasten. ➔ Nach 200 Metern auf der Straße geht, wenn die Straße nach links abknickt, geradeaus ein Rad- und Fußweg ab, den wir wählen. Links liegt nun ein Umspannwerk der RWE, während wir unsere Radtour auf einem Radweg, der durch einen Grünstreifen von der Bundesstraße B47 getrennt ist, fortsetzen. Wir fahren nun weiter auf dem Radweg neben der B47 – dieser ist jetzt teilweise nur

Von Schwetzingen nach Worms 9

durch eine Trennlinie von der Fahrbahn getrennt. Vorsicht ist also geboten! → Nach 400 Metern überqueren wir die Ampel geradeaus und fahren weiter Richtung Worms. Etwa 250 Meter weiter ist Rosengarten, ein Stadtteil von Lampertheim, erreicht. → Wir fahren weiter geradeaus.

Dann geht es auf die Brücke über den Rhein. Mit Befahren der Brücke ist auch zugleich die hessische Landesgrenze wieder erreicht und wir kommen nach Rheinland-Pfalz. Von der Brücke breitet sich die herrliche Silhouette von Worms mit dem Dom und dem Nibelungentor vor uns aus. → Nach der Brücke mit dem auffälligen Tor beschreibt die Straße einen Rechtsbogen, es geht leicht bergab. → Wenn wir am Fuße des Rechtsbogens angekommen sind, biegen wir links ab, unter der Brücke hindurch auf dem Radweg. → Dann fahren wir leicht bergan auf den Dom zu. Die Straße, auf die wir schließlich links abbiegen, ist die Rheinstraße. → Wir fahren geradeaus, überqueren den Nibelungenring an der Ampel und fahren weiter Richtung Dom. → Am Ende der Straße biegen wir dann rechts ab, ehe wir links in die Ludwigstraße fahren. → An der Ecke Ludwigstraße/Herzogenstraße biegen wir rechts ab in die Herzogenstraße, die später zur Petersstraße wird. Wir durchqueren die alte, historische Stadtmauer. Dort ist auch das Nibelungenmuseum zur Linken untergebracht. Schließlich ist linker Hand der Marktplatz mit der Dreifaltigkeitskirche erreicht. Hier endet die Etappe.

Radfahrer unterwegs zwischen Bürstadt und Worms

10 Von Baden nach Rheinland-Pfalz
Von Worms nach Mainz

Worms – Rheindürkheim – Ibersheim – Hamm am Rhein – Oppenheim – Nierstein – Nackenheim – Mainz

  leicht 53 km 410,5 km 5 Std.

Worms verabschiedet den Radler mit dem Anblick von Dom, Nibelungenmuseum und Nibelungentor, bevor die Tour ans Rheinufer führt. Nun geht es direkt entlang des imposanten Flusses – mal stehen am Ufer Industrieanlagen, mal liegen dort Strandabschnitte oder Auen. Ab Rheindürkheim führt der Weg durch eine flache Auenlandschaft, genau wie der dann folgende Weg entlang des Damms. Von hier aus bieten sich herrliche Blicke auf das Rheinufer. Ein kleiner Stopp in Oppenheim ist empfehlenswert. Danach geht es durch Weinstöcke hindurch Richtung Endziel Mainz.

Blick auf den Rhein in den Weinbergen bei Oppenheim

etappe auf einen Blick

km 0	Worms, es geht auf der linken Rheinseite nach Rheindürkheim, dann durch eine flache Auenlandschaft bis Ibersheim. Weiter geradeaus entlang des Damms nach Hamm am Rhein, vorbei an einem Segelflugplatz, entlang von Weinfeldern und dann links Richtung
km 34	Oppenheim. Ab hier mehr oder weniger direkt am Ufer des Rheins, durch einige Weinhänge über Nierstein und Nackenheim nach
km 53	Mainz, Zielort erreicht

Von Worms nach Mainz 10

tour kompakt

Tourencharakter
Rhein, Wein und Pedalenklang könnte das Motto der Schlussetappe sein. Mit dem mächtigen Fluss zur Rechten fahren wir über gut ausgebaute Radwege entlang des Rheinufers, ehe es nach Oppenheim und Nierstein auf einer gut ausgebauten Straße direkt durch malerische Weinberge hindurchgeht. Über die Uferpromenade erreichen wir schließlich Mainz.

Ausgangspunkt
Worms.

Endpunkt
Mainz.

Anreise
Bahn: Nach Worms verkehren Regionalbahnen. ICE, IC und Regionalzüge bis Mainz.
Auto: Worms erreicht man über die A61 und A67. Parken: Zentral gelegen die Tiefgarage Friedrichstr. 16a; kostenfrei am Wormatia-Stadion in der Alzeyer Str. Mainz hat Anschluss an die A60, A 63, A 643, und A66. Parken: zahlreiche Parkhäuser zwischen Hbf. und Rheinufer.
Flugzeug: Die nächstgelegenen Flughäfen sind Mannheim und Frankfurt.

Wegmarkierung
Rhein-Radweg (gelber Radler auf blauem Grund mit Schriftzug »Rhein«).

Essen und Trinken
Mainz: Brauhaus zur Sonne, Stadthausstr. 18, Tel. 06131/23 65 88; Haus des Deutschen Weines, Gutenbergplatz, Tel. 06131/22 13 00, www.hdw-gaststaetten.de (große Auswahl an Wildgerichten).

Übernachtung
Mainz: Advena Europa Hotel, Kaiserstr. 7, Tel. 06131/971070, www.advenahotels.com (3-Sterne-Haus, 5 Min. vom Hbf.); Altdeutsche Weinstube – Historisches Hotel Schwan, Liebfrauenplatz 7, Tel. 06131/14 49 20, www.mainz-hotel-schwan.de; Rhein-Main-Jugendherberge, Jugendgästehaus Mainz, Otto-Brunfels-Schneise 4, Tel. 06131/853 32, www.diejugendherbergen.de

Werkstätten
Mainz: Fahrradladen Berens und Reus, Albinistr. 15, Tel. 06131/22 50 13, www.berensundreus.de

Tourist-Info
Worms: Tourist Information Worms, Neumarkt 14, Tel. 06241/250 45, www.worms.de;
Mainz: Touristik Centrale Mainz, Brückenturm am Rathaus, Tel. 06131/28 62 10, www.touristik-mainz.de

10 Von Baden nach Rheinland-Pfalz

Von Worms nach Hamm am Rhein

Als eine der ältesten deutschen Städte steht **Worms** (www.worms.de) gleichermaßen im Zeichen der Nibelungen und von Martin Luther. Seinen Platz in den Geschichtsbüchern sicherte sich Worms durch eine Reihe von Ereignissen. So, als Kaiser Heinrich III. hier im Jahr 1048 festlegte, dass der Bischof von Toul, Bruno von Egisheim-Dagsburg, Nachfolger des verstorbenen Papstes Damasus II. werden sollte. Und in der Tat wurde Bruno noch im selben Jahr als Leo IX. zum Oberhaupt der katholischen Kirche erhoben. Kaum minder bedeutend war das sogenannte Wormser Konkordat im Jahr 1122, mit dem der Streit zwischen geistlicher und weltlicher Macht um die Amtseinsetzung von Geistlichen (Investitur) beendet werden konnte. Nicht zu vergessen ist ferner der Reichstag zu Worms: Im Jahr 1521 kam Martin Luther nach Worms, wo ihn Kaiser Karl V. und päpstliche Legaten verhörten und den Widerruf und die Abstellung seiner Lehren erwarteten. Als Ergebnis stand sein berühmter Spruch »Hier stehe ich, ich kann nicht anders«, der um die Welt ging. Über Luther wurde das Wormser Edikt verhängt, das eine Ächtung und damit eine Rechtlosigkeit für den Reformator im gesamten Gebiet des Heiligen Römischen Reiches Deutscher Nation nach sich zog. An dieses Ereignis erinnert heute das von Ernst Rietschel geschaffene und im Jahr 1868 enthüllte Wormser Luther-Denkmal als größtes Reformationsdenkmal der Welt.

In Sichtweite des Denkmals fällt mit dem **Kaiserdom St. Peter (A)** eines der bedeutendsten Bauwerke der 80 000 Einwohner zählenden Stadt in den Blick. Das zwischen den Jahren 1130 und 1181 errich-

Das Nibelungen-Tor heißt Radfahrer in Worms willkommen.

10 Von Baden nach Rheinland-Pfalz

tete Gotteshaus erhebt sich auf dem höchsten Punkt der Innenstadt. Einen großen Stellenwert genießt auch die Bewahrung jüdischer Kultur und Geschichte für Worms. So ist hier mit dem vermutlich im 11. Jahrhundert angelegten **Friedhof Heiliger Sand (B)** der größte erhaltene jüdische Friedhof Europas zu finden. Die **Wormser Synagoge (C)**, die erstmals im Jahr 1034 urkundlich erwähnt wurde und noch im 11. Jahrhundert eine unterirdische Badeanlage (Mikwe) erhielt, wurde während der NS-Zeit in der Pogromnacht von 1938 niedergebrannt und von der Stadt Worms 1961 wieder aufgebaut, obwohl sich hier keine jüdische Gemeinde mehr angesiedelt hat. Heute vermittelt das Jüdische Museum im Raschi-Haus bei freiem Eintritt an historischer Stätte einen Einblick in die Geschichte und Kultur der Juden in Worms.

Mulitmedial und hochmodern: das Wormser Nibelungen-Museum

Großgeschrieben wird in der mit 1490 Hektar bestockter Rebfläche größten Weinbaugemeinde in Rheinhessen – hier ist vor allem die Wormser Liebfrauenmilch international ein Begriff – der Kult um die Nibelungensage. Die meisten Szenen des im Mittelalter entstandenen Nibelungenliedes spielen in und um Worms. Hier sollen sich Kriemhild und Brünhild auf den Stufen des Doms gestritten haben. Hier soll Brünhild Gunther in der Hochzeitsnacht aus dem Fenster gehängt und hier soll Hagen den Mord am Drachentöter Siegfried geplant haben.

Vor vielen Geschäften der Innenstadt stehen mannshohe Drachenfiguren, während das Hagen-Denkmal am Ufer des Rheins an einen der großen Protagonisten des Helden-Epos und an die Versenkung des berühmten Nibelungenschatzes im Rhein durch Hagen von Tronje erinnert. Auch die Nibelungenbrücke mit dem prächtigen Nibelungenturm lässt den Mythos lebendig werden, während das moderne **Nibelungen-Museum (D)** (www.nibelungen-museum.de) die Geschichte um Siegfried, Hagen und den sagenhaften Schatz

Von Worms nach Mainz

multimedial aufbereitet. Um den Kult um die Nibelungen perfekt zu machen, hebt sich seit 2002 auf einer Freiluftbühne der Vorhang für die Wormser Nibelungenfestspiele (www.nibelungenfestspiele.de), bei denen unterschiedliche Inszenierungen des Nibelungenliedes zur Aufführung kommen.

Natürlich hat Worms auch abseits von Luther und Nibelungen einiges zu bieten. Empfehlenswert ist beispielsweise der Besuch des **Museums Kunsthaus Heylshof (E)** (www.heylshof.de). Im Jahr 1884 zogen hier die bedeutenden Kunstsammlungen von Freiherr Cornelius W. von Heyl zu Herrnsheim und seiner Frau Sophie ein. Zu sehen sind neben Wechselausstellungen deutsche, niederländische und französische Malerei, Frankenthaler Porzellan sowie wertvolles Glas, Keramik und Glasmalerei.

Wir beginnen die Tagesetappe in Worms an der Ecke Marktplatz/Petersstraße. Hinter uns liegt der Dom, geradeaus die Fußgängerzone, die Kämmererstraße. → Wir fahren rechts die Petersstraße hinunter. Zunächst rüttelt das Kopfsteinpflaster den Radler richtig durch. Es ist bei nassem Wetter außerdem mit einem rutschigen Untergrund zu rechnen. Außerdem gibt

Teile der historischen Stadtmauer von Worms

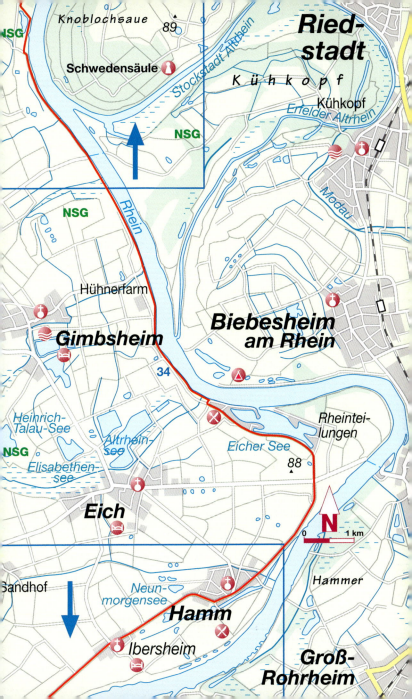

10 Von Baden nach Rheinland-Pfalz

10 km

es hier keinen Radweg an der Straße. Vorsicht ist also geboten! Nach knapp 100 Metern endet aber das Kopfsteinpflaster bereits wieder und wir setzen unseren Weg über die Petersstraße fort. Nach knapp 380 Metern fahren wir durch den Torbogen der alten Stadtmauer hindurch – zu Rechten das Nibelungen-Museum.

→ Wir biegen an der nächsten Ampel links ab in die Ludwigstraße. Hier gibt es rechter Hand auch wieder einen schmalen Radweg, der direkt an der Straße verläuft. → An der ersten Möglichkeit biegen wir rechts in die Rheinstraße ab, → an der nächsten Möglichkeit links – die Rheinstraße teilt sich hier, geradeaus ist nur eine Einbahnstraße. Wir passieren rechts den Barbarossaplatz und → fahren geradeaus über die nächste Ampel hinüber, um wieder runter an den Rhein zu gelangen. Rechter Hand erscheint auch das Nibelungentor im Blick. → Nach knapp zwei Kilometern biegen wir an der ersten Möglichkeit links ab und treffen wieder auf den Rhein-Radweg.

Ein Blick zurück an dieser Stelle entlang der Rheinstraße bringt genau die Spitzen des Wormser Doms in den Blick. Dann läuft der Weg ein wenig vom Rheinufer weg. Wir passieren eine Industrieanlage, die rechts liegt. Die Straße entlang des Ufers heißt Kastanienallee. → Dort, wo die Kastanienallee auf ein T-Stück trifft, biegen wir links ab in die Straße namens Am Rhein, → dann an der Ampel rechts und setzen unseren Weg auf dem Radweg parallel zur Straße, dem Nibelungenring (B9), fort – vorbei an weiteren Industrieanlagen wie dem Windcanton. Bald läuft der Radweg von der Straße weg und parallel zur Hafenstraße weiter. Sie führt weiter durch ein Hafen- und Industriegebiet. Hier gibt es keinen Radweg, deshalb heißt es auf der wenig befahrenen Straße radeln.

Wir biegen schließlich links in die Petrus-Dorn-Straße ab. Wenn zur Linken das Parkhaus der Dekra in den Blick kommt, → wechseln wir auf den rechts neben der Straße verlaufenden Radweg. An der nächsten Ampel folgen wir weiter dem Radweg und fahren rechtsherum entlang des Nibelungenrings, der Bundesstraße B9. → Wenn der Radweg sich gabelt, fahren wir nicht geradeaus weiter und durch die Brücke hindurch, sondern auf den rechts verlaufenden Weg, der asphaltiert ist. Der Nibelungenring geht schließlich in die Mainzer Straße über

Von Worms nach Mainz

→ und wir fahren weiter geradeaus Richtung Norden, parallel zur Straße auf einem Radweg, der von dieser durch einen Grünstreifen abgetrennt ist.

Kurz danach biegen wir rechts ab in die Straße Im Pfaffenwinkel. Es kommen weitere Industrieanlagen zwischen uns und dem Rhein zur Rechten. Dabei geht es an riesigen Anlagen der Firma E.ON Industries Rhöm GmbH vorbei. → Wenn wir auf den Pfaffenweg treffen, setzen wir unseren Weg geradeaus auf dem gegenüberliegenden Radweg fort, der asphaltiert ist. Dann nähern wir uns mit einem Rechtsbogen wieder dem Rhein, müssen die Schienen überqueren und sind schließlich erneut auf dem Dammweg, direkt am Rheinufer.

Nach einem guten Kilometer läuft die Straße mit einem Linksbogen wieder vom Rhein weg. → Wir setzen unseren Weg allerdings geradeaus auf dem asphaltierten Radweg am Ufer fort. Linker Hand begleiten uns immer noch Industrieanlagen. → Schließlich gabelt sich der Weg abermals, wir bleiben aber weiterhin dem Ufer treu. Bald gibt es rechter Hand ein kleines Stück mit Rheinstrand aus einem Kiesel-Sand-Gemisch. Ein scheinbar idyllischer Picknickplatz – doch Achtung! Die vielen Transportschiffe in diesem Rheinabschnitt können mit ihren Bugwellen leicht für nasse Füße sorgen.

Nachdem wir für ein kurzes Stück wieder an der Bundesstraße B9, der Mainzer Straße, entlanggefahren sind, → biegt der Radweg an der Straße Am Fahrt rechts wieder zum Rhein ab. Dort liegt auch das Restaurant »Die Reling«. Die Straße Am Fahrt bringt uns dann direkt ans Rheinufer zurück. → Bei Tageskilometer 9,5 treffen wir in Worms-Dürkheim wieder auf die Rheinuferstraße, die, wie der Name sagt, direkt am Ufer entlangführt, und setzen den Weg darauf fort. Kurz danach treffen wir in Rheindürkheim auf ein ungewöhnliches Kriegsdenkmal: einen Schiffsbug, der zum Rhein hin zeigt und den Verstorbenen beider Weltkriege zum Gedenken dient. Links liegt eine ungewöhnliche Kirche: die Simultankirche St. Peter.

> **info Fischarten im Rhein**
>
> Knapp 60 Fischarten tummeln sich im Rhein. Neben Aal, Brasse, Flussbarsch und Karpfen sind in Europas mächtigstem Fluss unter anderem Hecht, Rotfeder, Rotauge, Schleie, Wels und Zander heimisch. Hinzu kommen Stint, Äsche, Döbel, Ukelei sowie der Schneider, der vornehmlich am Oberrhein zu finden ist.

10 Von Baden nach Rheinland-Pfalz

Radfahrer unterwegs zwischen Hamm am Rhein und Oppenheim

i Die 3000-Seelen-Gemeinde **Rheindürkheim** (www.worms-rheinduerkheim.de) ist seit 1969 ein Stadtteil von Worms. Die auffälligsten Gebäude des historischen Ortskerns sind das im Jahr 1737 errichtete Rathaus sowie die barocke Simultankirche St. Peter von 1776.

5 km ↓

Die Rheinuferstraße trifft hier auf die Kirchstraße, eine abknickende Vorfahrt. → Wir radeln weiter geradeaus. Aus Rheindürkheim raus müssen wir nun etwas vom Rhein weg über eine Straße fahren. Dies ist weiterhin die Rheinuferstraße, die schließlich in die Ibersheimer Straße übergeht. → Am Ortsrand wechseln wir auf die linke Straßenseite auf einen Radweg, der parallel zur Straße verläuft, und fahren entlang der Ibersheimer Straße. Am Ortsrand liegt auch noch eine Art Museumsschiff der Marinekameradschaft auf dem Trockenen in einer Wiese.

Linker Hand passieren wir nun einen Fußballplatz, rechter Hand die Vereinsgaststätte des TV Rhenania, die auch Nichtmitgliedern offen steht. → Dann endet bald der Radweg auf der linken Seite und wir müssen wieder auf die andere Seite der Straße hinüberwechseln, wo ein neuer Radweg beginnt. Er

Von Worms nach Mainz

führt von der Straße weg durch ein Feld. Der Weg ab Rheindürkheim führt durch eine flache Auenlandschaft, die mit Feldern und Wiesen sehr naturnah daherkommt. Bei Tageskilometer 14 kommt linker Hand Ibersheim in den Blick, und nach 300 Metern gibt es die Möglichkeit, links in den Ort abzubiegen.

🛈 Obschon gut 1500 Jahre alt, ist das einst selbstständige **Ibersheim** seit 1969 der nördlichste Stadtteil von Worms. Zu den bekanntesten Einrichtungen zählen die Mennonitenkirche von 1836 sowie das Ammenhäuschen von 1788, in dem heute das kleine Heimatmuseum untergebracht ist. Daneben weist der historische Ortskern noch eine Reihe denkmalgeschützter Häuser auf. Dazu zählen das Ibersheimer Schloss aus dem 15. Jahrhundert, das Brückentor zum Schloss, ein Bauernhof von 1716 sowie fünf historische Scheunen aus der Zeit um 1800. Getrübt wird die Idylle durch den Blick auf das an der gegenüberliegenden Rheinseite liegende Kernkraftwerk Biblis, das Mitte der 1970er-Jahre in Betrieb ging.

Wir setzen unseren Weg allerdings weiter geradeaus entlang des Damms fort. Hamm am Rhein ist von hier aus in gut 2,8 Kilometern erreicht, Gernsheim in acht Kilometern.

3 km

🛈 Viel Sehenswertes hat die an einem Seitenarm des Rheins, dem Schadegrawe, gelegene Gemeinde **Hamm am Rhein** (www.hamm-am-rhein.de) mit rund 2200 Einwohnern nicht zu bieten – mit Ausnahme einiger schmucker Fachwerkhäuser. Das Wahrzeichen ist eine Eiche gegenüber dem Rathaus, die im Jahr 1872 nach Beendigung des Deutsch-Französischen Krieges gepflanzt wurde.

Von Hamm am Rhein nach Oppenheim

Wir fahren immer noch weiter auf dem Damm, der hier der Landdamm ist. Er führt uns schließlich durch Hamm am Rhein hindurch. → Wenn wir auf eine abknickende Vorfahrtstraße treffen, setzen wir unseren Weg weiter geradeaus fort auf dem Landdamm. Dieser bringt uns schließlich wieder aus Hamm am Rhein hinaus. Die Landstraße, die wir nun entlangfahren, ist die K45. Sie verläuft auf einem Damm und bietet immer wieder

16 km

10 Von Baden nach Rheinland-Pfalz

Blicke auf das Rheinufer. Wenn wir dann auf eine Kreuzung mit der Landstraße L440 treffen, ➔ überqueren wir die vor uns liegende Straße, ➔ um dann halb links auf den Radweg abzubiegen.

Wir nehmen den betonierten, mittleren Weg. Dort steht auch eine Wegmarkierung, die uns sagt, dass es von hier aus 42 Kilometer nach Mainz sind. An der Kreuzung kann man auch zur Feriensiedlung Eicher See (www.eichersee.de) abbiegen – wer also Lust auf ein Bad oder einen netten Picknickplatz hat, fährt hier auf der Straße geradeaus über die Kreuzung.

An der nächsten Weggabelung setzen wir unseren Weg geradeaus fort. Dann kommen wir, nachdem wir die Wochenendsiedlung Eicher See zur Rechten passiert haben, an eine Kreuzung. ➔ Dort biegen wir rechts ab und fahren über die Straße Am Rheindamm wieder runter zum Rhein. ➔ Wenn wir dann nach knapp 100 Metern auf das Rheinufer treffen, halten wir uns links und radeln erneut auf dem Uferweg. Hier erwartet uns eine Schotterpiste mit zahlreichen Schlaglöchern.

Bald treffen wir auf eine Straße, nachdem wir einen kleinen Zufluss zum Rhein überquert haben, ➔ biegen sofort rechts ab und fahren weiter am Ufer des Rheins. Links erscheint die Gaststätte Zum Rheinhof. Es geht weiter am Rheinufer. ➔ Der Weg trifft auf eine Straße, auf der wir ein kleines Stück rollen, um dann bald wieder rechts auf dem Radweg am Rhein entlangzufahren. ➔ Dann treffen wir auf eine Gabelung, biegen rechts ab und fahren weiter parallel zum Flussufer. Schließlich gelangen wir auf einen gepflasterten Damm. Dann geht es nach knapp 300 Metern aber wieder weiter auf der Schotterpiste. Rechter Hand erscheint das Gelände eines Segelflugplatzes.

Wir fahren um dieses Gelände herum, ➔ rechts auf eine Anhöhe hinauf, um dann am Flughafengelände entlangzurollen. Dann trifft der Weg wieder auf ein asphaltiertes Stück.

➔ Wir fahren hinunter auf die Rheinstraße, die uns entlang von Weinfeldern weiter in Richtung Oppenheim-Zentrum bringt. ➔ An der T-Kreuzung biegen wir links ab. Es geht vorbei an einem Wertstoffhof. ➔ An der nächsten Kreuzung setzen wir unseren Weg geradeaus fort. Links heißt die Straße, die wir geradeaus passieren, Am Stadtbad. ➔ Direkt am Sportplatz biegen wir an der Ecke Rheinstraße/Dammstraße rechts ab.

Von Worms nach Mainz 10

Weinpresse im Deutschen Weinbaumuseum in Oppenheim

i Obschon die Winzerstadt **Oppenheim** (www.oppenheim-tourismus.de) durch die prächtige Altstadt mit ihren schönen Fachwerkhäusern zu begeistern weiß, liegt die eigentlich Attraktion mit dem Oppenheimer Kellerlabyrinth unter der Erde. Geführte Begehungen lassen die vergessenen Kelleranlagen als eine historische »Stadt unter der Stadt« lebendig werden. Die Gesamtlänge der unterirdischen Gänge, die zwischen dem 13. und 18. Jahrhundert entstanden sind, liegt bei rund 20 Kilometern, aber nur knapp 500 Meter sind im Rahmen der Führungen begehbar. Viele dieser unterirdischen Keller wurden primär für die Lagerung von Lebensmitteln genutzt – vor allem für Bier. Denn im 16. Jahrhundert gab es in Oppenheim nicht weniger als 17 Brauereien – und sie alle benötigten ganzjährig gut gekühlte Lagerflächen.

Während die »Unterwelt«, die sich an einigen Stellen über bis zu fünf Stockwerke in die Tiefe erstreckt, von außen nicht sichtbar ist, bilden die weithin sichtbare Ruine der einst mächtigen Burg Landskron und die gotische Katharinenkirche die Wahrzeichen der Stadt. In der Michaeliskapelle des Gotteshauses ist das Beinhaus untergebracht. Hier können jahrtausendealte echte Menschenknochen, die durch den kalkhaltigen Boden Oppenheims konserviert wurden, in Augenschein genommen werden.

Einen Besuch wert ist sicherlich auch das Deutsche Weinbaumuseum (www.dwb-museum.de), das aus der Perspektive des Winzers vom Anbau der Rebe bis zur Abfüllung anschaulich erklärt, wie die Weine entstehen. Zudem umfasst die Sammlung rund 2500 Korkenzieher sowie Mausefallen aus aller Herren Länder. Derweil spannt das Oppenheimer Stadtmuseum mit seiner Ausstellung einen Bogen durch alle Epochen der Stadtgeschichte.

> **info Riesling – weiße Rebsorte von Weltrang**
>
> Der (auch) in weiten Teilen von Rheinhessen angebaute Riesling ist eine weiße Rebsorte, die zu den besten Weißweintrauben weltweit zählt. Die Traube bringt rassige und elegante Weißweine hervor. Typisch ist die feine Säure, welche die wichtige Basis für die extrem lange Lagerfähigkeit der Spitzenrieslinge von bis zu zehn Jahren ist. Bei den Geschmacksrichtungen halbtrocken und lieblich zeichnet sich der Wein durch fruchtige Aromen aus, die ein wenig an Pfirsich oder Aprikose erinnern.

Wir passieren den Sportplatz nun rechter Hand, während wir entlang der Dammstraße fahren. → Wenn wir auf die Fährstraße treffen, biegen wir links ab, → an der nächsten Möglichkeit, noch bevor wir die

4 km ↓

Bundesstraße B9 erreichen, dann rechts. Wir passieren einen kleinen Jachthafen, der rechts liegt, während linker Hand der Bahnhof Oppenheim in den Blick kommt. Dann ist der Ortseingang von Nierstein erreicht; hier läuft auch der kleine Hafenarm wieder in den Rhein.

■ Mit mehr als 780 Hektar bestockter Rebfläche avanciert **Nierstein** (www.nierstein.de) zur zweitgrößten Weinbaugemeinde in Rheinhessen nach Worms. Die 8000-Seelen-Gemeinde produziert dabei klassische Riesling-Weine von internationaler Reputation. Zu den bekanntesten Riesling-Lagen gehören Niersteiner Pettental, Niersteiner Ölberg, Niersteiner Hipping sowie Niersteiner Brudersberg. Und so ist es fast schon obligatorisch, hier auf einen Schoppen in einer der vielen Straußwirtschaften oder Winzerstuben einzukehren.

Weithin sichtbar ist die 1776 eingeweihte katholische Pfarrkirche St. Kilian auf einem Hügel über dem Rheintal. Rund um den Marktplatz gruppieren sich einige sehenswerte Häuser wie das 1783 errichtete Alte Rathaus, in dem heute das Paläontologische Museum

Von Worms nach Mainz

untergebracht ist, oder die ehemaligen Adelshäuser der Freiherrn von Knebel. Das Paläontologische Museum (www.museum-nierstein.de) zeigt seltene Fußabdrücke von Insekten, Amphibien und Reptilien aus dem Perm (Geologie) sowie Fossilien aus aller Welt. In den Weinbergen bildet der Wartturm einen markanten Blickfang und ist zugleich der höchste Aussichtsturm Nierseins. Derweil ist von der ehemaligen Schwabsburg aus dem 12. Jahrhundert lediglich noch der Bergfried erhalten.

Wir radeln weiter auf dem Radweg entlang der Bundesstraße B9, die hier Rheinallee heißt. Sie beschreibt bald einen Linksbogen, → wir radeln jedoch rechts, ein Stück weiter am Wasser entlang. Diese Stichstraße führt auch zur Niersteiner Fähre. Wer möchte, kann hier auf die andere Rheinseite übersetzen. Ansonsten fahren wir unmittelbar vor dem Fähranleger halb links auf dem Radweg, der hier asphaltiert ist, und folgen wieder dem Verlauf der Bundesstraße B9. Kurz nach dem Kran hört der Radweg an der DLRG-Station auf. Wir fahren ein Stück entlang der Bundesstraße, die in diesem Abschnitt auch gleichzeitig die Mainzer Straße ist.

4 km

Radfahrer am Fähranleger von Nierstein

10 Von Baden nach Rheinland-Pfalz

→ Kurz vor dem Ortsausgang von Nierstein – genau an der Mainzer Straße auf Höhe der Hausnummer 92 – biegen wir links in einen schmalen Weg ab. Er führt den Radler unter einer Unterführung hindurch. → Danach geht es sofort rechts, unterhalb von Weinbergen, weiter. → Dann kommt eine Kreuzung inmitten der Weinstöcke. Hier fahren wir weiter geradeaus. Dann erscheint zur Rechten ein Klärwerk – hier sollte man einfach den Blick nach links wenden und die herrlichen Weinstöcke genießen.

Die Route führt nun weiter zwischen Weinstöcken hindurch, rechts fällt die Bundesstraße, aber auch der Rhein, in den Blick, und vor uns liegt eine liebliche Hügellandschaft. → An einem belaubten Unterstellplatz biegen wir rechts ab. Bis nach Mainz sind es laut Schild nun noch 14 Kilometer. → Unmittelbar vor den Eisenbahnschienen biegen wir sofort wieder links ab, um jetzt ein Stück parallel der Schienen zu radeln. Hier kann es mitunter, bei hoher Streckenauslastung, richtig laut werden.

→Wenn der Weg schließlich auf eine Straße trifft, biegen wir rechts ab, überqueren die Eisenbahnschienen und fahren unmittelbar nach den Schienen links auf den Schotterweg. Nun wird man kräftig durchgeschüttelt, während links die Bahnlinie verläuft. Auf einem geschotterten Weg zwischen der Bahnlinie links und der Bundesstraße rechts erreichen wir Nackenheim.

i Bekannt ist die kleine Weinbaugemeinde **Nackenheim** (www.nackenheim.de) für ihre Riesling-Weine und als Geburtsort von Schriftsteller Carl Zuckmayer (1896–1977), dem geistigen Vater von »Der Hauptmann von Köpenick«. Mit seinem Lustspiel »Der fröhliche Weinberg« verfasste er 1925 auch eine Hommage an seine Heimatstadt. In Nackenheim tragen heute eine Grundschule sowie eine Veranstaltungshalle seinen Namen. Außerdem ziert seine Büste den Eingang der Ortsverwaltung. Nackenheim ist ferner Sitz der Carl-Zuckmayer-Gesellschaft (www.carl-zuckmayer.de). Und das kleine Ortsmuseum widmet sich ebenfalls nicht nur der Siedlungs- und Ortsgeschichte, sondern hat einen Ausstellungsraum dem Ehrenbürger Zuckmayer gewidmet. Markantestes Bauwerk der 5300-Seelen-Gemeinde ist das spätbarocke Rathaus aus dem Jahr 1751.

Von Worms nach Mainz 10

11 km

Nun unterqueren wir mittels einer Unterführung die Bundesstraße und kommen an einem kleinen Jachthafen an einem Nebenarm des Rheins wieder heraus, um direkt am Rheinufer weiterzufahren. ➜ Wir umfahren schließlich den Campingplatz Rheinufer mit Campingklause, die auch durstigen Radlern Erfrischungen anbietet. Danach setzt ein wenig Entspannung ein, denn der Untergrund ist wieder asphaltiert.

Wenn wir rechter Hand auf einen Kies- und Sandvertrieb treffen und links eine Straße abgeht, ➜ biegen wir links ab und ➜ nach 30 Metern sofort wieder rechts auf den Radweg. (Fahren Sie nach dem Kies- und Sandvertrieb nicht zum Rheinufer hinunter!) Dann unterqueren wir die erste Brücke seit Worms – eine Autobahnbrücke der A60. Unmittelbar davor liegt ein kleines Café. ➜ Direkt hinter diesem und unmittelbar vor der Brücke fahren wir links. Hier liegt auch das Bootshaus des Weisenauer Rudervereins. ➜ Wenn der Weg schließlich auf eine Straße trifft und linker Hand ein Zementwerk zu sehen ist, biegen wir rechts ab. Nun fahren wir unter der Autobahnbrücke hindurch; linker Hand verläuft eine Bahnlinie. ➜ Wir setzen den Weg geradeaus auf dem auf der linken Seite verlaufenden Radweg fort und passieren rechter Hand die Zementwerke der Firma ADM Mainz. Der Radweg überquert nun ein Gleis; wir fahren weiter zwischen mannshohen Bäumen und Hecken hindurch an dem Zementwerk vorbei. Dann nähern wir uns in einem leichten Bogen wieder dem Rhein. Links verläuft weiterhin die Bahnlinie.

Das Mainzer Gutenberg-Museum

Dann unterfahren wir eine Eisenbahnbrücke mit einem schönen, markanten roten Steinturm. Links liegen hier die Gebäude des Mainzer Rudervereins. Der Uferweg, über den wir fahren, ist das Victor-Hugo-Ufer – er soll uns Richtung Mainzer Zentrum bringen. ➜ Unmittelbar vor einem Biergarten fahren

Von Baden nach Rheinland-Pfalz

wir linker Hand über eine Brücke. Dort können wir dann den Blick zurück nach links auf einen Jachthafen werfen.

→ Hinter der Brücke halten wir uns wieder rechts und fahren weiter am Ufer entlang. Nun passieren wir mehrere Schiffsanleger, während geradeaus die nächste Rheinbrücke in den Blick kommt. Auf dem letzten Stück bis zur Rheinbrücke, auf dem Stresemann-Ufer, rüttelt das Kopfsteinpflaster noch mal ein wenig durch. Es besteht auch die Möglichkeit, etwas oberhalb zu fahren, wo der Weg asphaltiert ist. Das Stresemann-Ufer geht schließlich in das Adenauer-Ufer über.

→ Am Fischtorplatz biegen wir links ab, → überqueren die Rheinstraße und → fahren schräg gegenüber in die Fischtorstraße. Damit ist die Mainzer Fußgängerzone erreicht. Vor uns erscheint der Liebfrauenplatz mit dem Dom. Rechts liegt das Gutenberg-Museum, geradeaus ist der Mainzer Marktplatz, wo die Tour schließlich endet.

Mit seinen knapp 200 000 Einwohnern ist **Mainz** nicht nur die Landeshauptstadt, sondern gleichzeitig die größte Stadt des Bundeslandes Rheinland-Pfalz. Gegenüber der Mündung des Mains am Rhein gelegen, ist die Stadt darüber hinaus die Hochburg des rheinischen Karnevals und auch Sitz einiger Fernseh- und Rundfunkanstalten, eines Bistums sowie einer Universität. Die historische Altstadt erstreckt sich vom Südbahnhof bis zum Dom. Tagsüber locken kleine Geschäfte in den Fachwerkhäusern, abends gemütliche Weinkneipen. Neben der Flaniermeile Augustinerstraße laden auch die kleineren Gassen wie Kirschgarten oder Schönbornstraße dazu ein, in Ruhe entdeckt zu werden.

Die zahlreichen Kirchen der Stadt, darunter der romanische **Dom Sankt Martin (A)**, die elegante, gotische Hallenkirche **Sankt Stephan (B)** mit

> **Tipp Das Gutenberg-Museum**
>
> Die Radroute führt Sie direkt vor die Tore des sehenswerten Gutenberg-Museums. Hier wurde die Welt des Buchdrucks und der Druckkunst auf 2700 Quadratmeter Ausstellungsfläche erlebbar gemacht. Im Jahr 1900 von Mainzer Bürgern anlässlich des 500. Geburtstages von Johannes Gutenberg gegründet, zeigt es neben mittelalterlichen Handschriften, historischen Drucken und Setzmaschinen früherer Epochen auch eine alte Druckerstube mit funktionierender Presse. Wie vor 550 Jahren gedruckt wurde, können Besucher so in der Werkstatt live miterleben.
> Liebfrauenplatz 5, Tel. 06131/12 26 40, www.gutenberg-museum.de, Di–Sa 9–17 Uhr, So 11–15 Uhr geöffnet, Mo und an gesetzlichen Feiertagen geschlossen.

Von Worms nach Mainz

- **A** Dom Sankt Martin
- **B** Sankt Stephan
- **C** Christuskirche
- **D** Römisch-Germanisches Zentralmuseum
- **E** Landesmuseum Mainz
- **F** Gutenberg-Museum

den sehenswerten Chagall-Fenstern sowie die **Christuskirche** (C) mit Eduard Kreyßigs gewaltiger Renaissance-Kuppel, gehören zu den meistbeachteten Sehenswürdigkeiten der Stadt. Aber auch bei trübem Wetter muss sich in Mainz niemand langweilen. Die Museumslandschaft bietet neben dem **Römisch-Germanischen Zentralmuseum** (D), das im Kurfürstlichen Schloss beheimatet ist, das **Landesmuseum Mainz** (E) sowie das **Gutenberg-Museum** (F) (siehe »Tipp«).

Eine Besonderheit im Stadtbild sind die roten und blauen Straßenschilder. Seit 1853 verfolgt man diese Tradition: »Rote« Straßen verlaufen vorwiegend quer zum Rhein, während Straßen parallel zum Rhein mit blauen Straßenschildern versehen werden. Kleinere Straßen und solche, die weiter entfernt vom Rhein liegen, sind mit weißen Schildern gekennzeichnet.

Register

A
Achern 85
Affenbrunnen 19
Allmannsweier 67
Alte Brücke 140
Ammenhäuschen 179
Appenweier 77, 82
Archäologisches Museum Riegel 58
Automuseum Dr. Carl Benz 155

B
Bad Bellingen 30 f.
Baden-Baden 97
Baden, Karl Wilhelm von 113 f.
Badisches Landesmuseum 115
Balinea Therme 31
Barockschloss Mannheim 149
Botanischer Garten Karlsruhe 115
Breisach 33
Brion, Friederike 69
Bruchsal 123, 127
Bruchsaler Schloss 127
Bühl 88, 91
Bürstadt 166
Burg Landskron 183
Burg Limburg 49
Burkheim 47

C
Caracalla Therme 98
Casino Baden-Baden 97

D
Deutsche Kammerschauspiele 52
Deutsches Apothekenmuseum 142
Deutsches Musikautomaten-Museum 127
Deutsches Verpackungsmuseum 142
Deutsches Weinbaumuseum 184
Dom Sankt Martin 188
Dreiländereck 23
Dundenheim 70

E
Endingen 51
Erlach 83 f.
Ettlingen 108
Ettlingenweier 107
Ettlinger Schloss 108
Europapark Rust 66

F
Fabergé Museum 99
Festspielhaus Baden-Baden 98
Friedrichsbad 98

G
Gamshurst 86
Georgsbrunnen 109
Goethe, Johann Wolfgang von 69
Grafenhausen 66
Grießheim 38
Großsachsen 156
Gutenberg-Museum 189

H
Halberstung 95
Hamm am Rhein 179
Haueneberstein 99
Heidelberg 138, 140
Heidelberger Schloss 140
Heimatmuseum Völkersbach 107
Hemsbach 160
Heppenheim an der Bergstraße 162
Herbolzheim 62
Hoosesaggmuseum 21

I/J
Ibersheim 179
Ichenheim 69
Istein 30
Isteiner Schwellen 29
Jüdisches Bad Offenburg 75

K
Kaiserdom St. Peter 170
Kaiserstuhl 44
Kaiserstühler Heimatmuseum 52
Karlsruhe 110, 113
Kenzingen 60
Kirschenmuseum 52
Königschaffhausen 51 f.
Koffer- und Heimatmuseum Kuppenheim 104
Kronau 132
Kunsthalle Mannheim 152
Kuppenheim 103
Kurhaus Baden-Baden 97
Kurpfälzisches Museum 142

L
Ladenburg 153
Landesmuseum Mainz 189
Lapidarium 75
Laudenbach 161
Lobdengau-Museum 154
Lorsch 164
Lützelsachsen 159
Luther, Martin 170

M
Mainz 188
Malsch 106 f.
Malterdingen 59
Mannheim 149

Ebenfalls erhältlich ...

ISBN 978-3-7654-4820-1

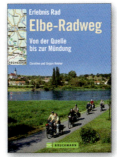

ISBN 978-3-7654-4946-8

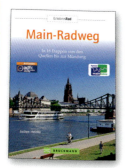

ISBN 978-3-7654-4947-5

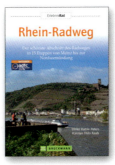

ISBN 978-3-7654-4948-2

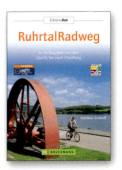

ISBN 978-3-7654-4951-2

www.bruckmann.de

Register

Meißenheim 68
Mennonietenkirche 179
Mithräum 58
Müllen 70 f.
Müllhofen 95
Muggensturm 106
Muggensturmer Bürgerband 106
Museum Frieder Burda 98
Museum Kunsthaus Heylshof 173

N

Nackenheim 186
Nationaltheater Mannheim 152
Neckarhausen 152 f.
Neuenburg am Rhein 32, 35
Neuf-Brisach 39
Nibelungen 170, 172
Nibelungen-Museum 172
Nierstein 184
Nonnenweier 67

O

Oberrheinische Narrenschau 61
Önsbach 85
Offenburg 75
Oppenheim 183
Oppenheimer Kellerlabyrinth 183
Ottenheimer Wald 68

P

Paläontologisches Museum 184

R

Rammersweier 77
Rastatt 104 f.
Reiss-Engelhorn-Museen 152
Rheindürkheim 177
Rheinwald 48
Riegel 55
Ritterhaus 75, 161
Rheinweiler 30
Römische Badruinen Baden-Baden 98
Römisch-Germanisches Zentralmuseum 189
Rosengarten 167
Rotes Rathaus 19
Ruprecht-Karls-Universität 142

S

Sasbach 49
Schaulager 22
Schindlermuseum 107
Schloss Favorite 103
Schloss Neckarhausen 152
Schutterwald 71
Schwanau 66 f.
Schwetzingen 136
Schwetzinger Schloss 136
Sinzheim 95 f.
Staatliche Kunsthalle Baden-Baden 99
Staatliche Kunsthalle Karlsruhe 114
Stapflehus 27
Stauwerk Kembs 29
St. Leon-Rot 133
St. Stephans-Münster 41

T

Technoseum 152
Tinguely Brunnen 19
Tulla 66

U/V

Ulm 84
Unimog-Museum 104
Untergrombach 122 f.
Unzhurst 87
Üsenberger Hof 51
Völkerkundemuseum Heidelberg 142

W

Weil am Rhein 27
Weingarten 121
Weinheim 159
Weschnitzinsel 162
Wittenweier 66
Wolfartsweier 110
Worms 170
Wormser Synagoge 172

X/Z

Xylon-Museum 138
Zentrum für Kunst- und Medientechnologie 114
Zoologischer Stadtgarten Karlsruhe 115
Zuckmeyer, Carl 186